2025年*春 受験用 解答集

広島県 広島大学附属福山 中学校

2017〜2011年度の7年分

本書は，実物をなるべくそのままに，プリント形式で年度ごとに収録しています。
問題用紙を教科別に分けて使うことができるので，本番さながらの演習ができます。

■ 収録内容

・解答集（この冊子です）

　　書籍ＩＤ番号，この問題集の使い方，リアル過去問の活用，解答例と解説，
　　ご使用にあたってのお願い・ご注意，お問い合わせ

・2017(平成29)年度 〜 2011(平成23)年度　学力検査問題

○は収録あり	年度	'17	'16	'15	'14	'13	'12	'11
■ 問題収録		○	○	○	○	○	○	○
■ 解答用紙		○	○	○	○	○	○	○
■ 解答		○	○	○	○	○	○	○
■ 解説		○	○	○	○	○	○	○
■ 配点（大問ごと）								

☆問題文等の非掲載はありません

もっと過去問！シリーズ

K 教英出版

■ 書籍ID番号

入試に役立つダウンロード付録や学校情報などを随時更新して掲載しています。
教英出版ウェブサイトの「ご購入者様のページ」画面で，書籍ID番号を入力してご利用ください。

書籍ID番号　**183032**

（有効期限：2025年9月30日まで）

【入試に役立つダウンロード付録】
「中学合格への道」

■ この問題集の使い方

　年度ごとにプリント形式で収録しています。針を外して教科ごとに分けて使用します。①片側，②中央
のどちらかでとじてありますので，下図を参考に，問題用紙と解答用紙に分けて準備をしましょう（解答
用紙がない場合もあります）。

　針を外すときは，けがをしないように十分注意してください。また，針を外すと紛失しやすくなります
ので気をつけましょう。

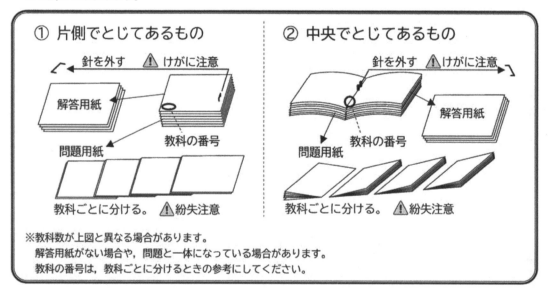

リアル過去問の活用

~リアル過去問なら入試本番で力を発揮することができる~

✿ 本番を体験しよう！

問題用紙の形式 (縦向き / 横向き)，問題の配置や余白など，実物に近い紙面構成なので本番の臨場感が味わえます。まずはパラパラとめくって眺めてみてください。「これが志望校の入試問題なんだ！」と思えば入試に向けて気持ちが高まることでしょう。

✿ 入試を知ろう！

同じ教科の過去数年分の問題紙面を並べて，見比べてみましょう。

① 問題の量

毎年同じ大問数か，年によって違うのか，また全体の問題量はどのくらいか知っておきましょう。どのくらいのスピードで解けば時間内に終わるのか，大問ひとつにかけられる時間を計算してみましょう。

② 出題分野

よく出題されている分野とそうでない分野を見つけましょう。同じような問題が過去にも出題されていることに気がつくはずです。

③ 出題順序

得意な分野が毎年同じ大問番号で出題されていると分かれば，本番で取りこぼさないように先回りして解答することができるでしょう。

④ 解答方法

記述式か選択式か（マークシートか），見ておきましょう。記述式なら，単位まで書く必要があるかどうか，文字数はどのくらいかなど，細かいところまでチェックしておきましょう。計算過程を書く必要があるかどうかも重要です。

⑤ 問題の難易度

必ず正解したい基本問題，条件や指示の読み間違いといったケアレスミスに気をつけたい問題，後回しにしたほうがいい問題などをチェックしておきましょう。

✿ 問題を解こう！

志望校の入試傾向をつかんだら，問題を何度も解いていきましょう。ほかにも問題文の独特な言いまわしや，その学校独自の答え方を発見できることもあるでしょう。オリンピックや環境問題など，話題になった出来事を毎年出題する学校だと分かれば，日頃のニュースの見かたも変わってきます。

こうして志望校の入試傾向を知り対策を立てることこそが，過去問を解く最大の理由なのです。

✿ 実力を知ろう！

過去問を解くにあたって，得点はそれほど重要ではありません。大切なのは，志望校の過去問演習を通して，苦手な教科，苦手な分野を知ることです。苦手な教科，分野が分かったら，教科書や参考書に戻って重点的に学習する時間をつくりましょう。今の自分の実力を知れば，入試本番までの勉強の道すじが見えてきます。

✿ 試験に慣れよう！

入試では時間配分も重要です。本番で時間が足りなくなってあわてないように，リアル過去問で実戦演習をして，時間配分や出題パターンに慣れておきましょう。教科ごとに気持ちを切り替える練習もしておきましょう。

✿ 心を整えよう！

入試は誰でも緊張するものです。入試前日になったら，演習をやり尽くしたリアル過去問の表紙を眺めてみましょう。問題の内容を見る必要はもうありません。どんな形式だったかな？受験番号や氏名はどこに書くのかな？…ほんの少し見ておくだけでも，志望校の入試に向けて心の準備が整うことでしょう。

そして入試本番では，見慣れた問題紙面が緊張した心を落ち着かせてくれるはずです。

※まれに入試形式を変更する学校もありますが，条件はほかの受験生も同じです。心を整えてあせらずに問題に取りかかりましょう。

算　数

━━━━━━━━━━━━━━━━━━ 《解答例》 ━━━━━━━━━━━━━━━━━━

1 (1)6.4　　(2)1.2　　(3)(ア)119.9　(イ)274.75　　(4)(ア)9　(イ)3　(ウ)5　(エ)7　　(5)11.5
　(6)①35, 25　②22, 55　　(7)①(ア)105　(イ)600　②21

2 (1)5, 6　　(2)(ア)3　(イ)16　(ウ)9　(エ)45

3 (1)67　　(2)358　　(3)81, 99

━━━━━━━━━━━━━━━━━━ 《解　説》 ━━━━━━━━━━━━━━━━━━

1 (1)　与式$=7.5-\left(\dfrac{18}{12}+\dfrac{8}{12}-\dfrac{15}{12}\right)\times\dfrac{6}{5}=7.5-\dfrac{11}{12}\times\dfrac{6}{5}=7.5-\dfrac{11}{10}=7.5-1.1=6.4$

(2)　13 kg＝13000 g だから，$\dfrac{156}{13000}\times100=1.2$(％)

(3)　直径が 30＋10＝40(cm) の半円の曲線部分の長さは 40×3.14÷2＝20×3.14(cm)，直径が 30 cm の半円の曲線部分の長さは 30×3.14÷2＝15×3.14(cm) だから，ななめの線をつけた図形のまわりの長さは，

20×3.14＋15×3.14＋10＝35×3.14＋10＝119.9(cm)

直径が 40 cm の半円の面積は 20×20×3.14÷2＝200×3.14(cm²)，直径が 30 cm の半円の面積は 15×15×3.14÷2＝$\dfrac{225}{2}$×3.14(cm²) だから，ななめの線をつけた部分の面積は，$200\times3.14-\dfrac{225}{2}\times3.14=\dfrac{175}{2}\times3.14=274.75$(cm²)

(4)　Aさんが買ったえん筆の代金は 13 の倍数であり，えん筆の代金は必ず 5 の倍数になるから，Aさんが買ったえん筆の代金は 13×5＝65 の倍数になる。Aさんが 15 円のえん筆を 12 本買ったとすると，代金は 15×12＝180(円) になる。ここから 15 円のえん筆 1 本を 20 円のえん筆 1 本にかえると，代金は 20－15＝5(円) 高くなる。代金を 180 円から 5 円ずつ高くしていき 65 の倍数になるところを探すと，15 円のえん筆 3 本を 20 円のえん筆 3 本にかえたとき，代金が 195 円になるところが見つかる(これ以外に代金が 65 の倍数になるところはない)。したがって，Aさんは，15 円のえん筆を 12－3＝9(本)，20 円のえん筆を 3 本買うとよい。そのとき，Bさんのえん筆の代金は 195×$\dfrac{15}{13}$＝225(円) になる。Bさんが 25 円のえん筆を 12 本買うと代金は 25×12＝300(円) となり，225 円より 300－225＝75(円) 高くなる。ここから 25 円のえん筆 1 本を 10 円のえん筆 1 本にかえると，代金は 25－10＝15(円) 安くなる。よって，Bさんは，10 円のえん筆を 75÷15＝5(本)，25 円のえん筆を 12－5＝7(本) 買うとよい。

(5)　右図 1 のように作図する。求める面積は，正方形ＡＣＦＥの面積から，三角形ＡＧＨ，ＡＢＨ，ＢＣＤ，ＧＦＥの面積を引いた値に等しいから，

6×6－2×5÷2－3×3÷2－2×3÷2－4×6÷2＝11.5(cm²)

(6)　単位をすべて cm にそろえ，右図 2 のように作図できる。容器を，<u>⑦底から高さ 175 cm までの部分</u>と<u>④高さ 175 cm から 175＋50＝225(cm) までの部分</u>と<u>⑨高さ 225 cm から 300 cm までの部分</u>に分けて考える。また，水が入る割合は毎分 24000 cm³ である。

① ⑦に水がたまるのにかかる時間は，$\dfrac{50\times50\times175}{24000}=\dfrac{875}{48}$(分)

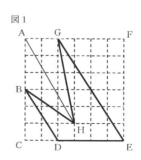
図1

①に水がたまるのにかかる時間は，$\dfrac{50\times90\times50}{24000}=\dfrac{450}{48}$（分）

⑦と⑦の高さの比は$\dfrac{7}{4}：\dfrac{3}{4}=7：3$だから，⑦に水がたまるのにかかる時間は，

⑦に水がたまるのにかかる時間の$\dfrac{3}{7}$なので，$\dfrac{875}{48}\times\dfrac{3}{7}=\dfrac{375}{48}$（分）

よって，満水にするのにかかる時間は，$\dfrac{875}{48}+\dfrac{450}{48}+\dfrac{375}{48}=35\dfrac{5}{12}$（分），つまり，

35分$(60\times\dfrac{5}{12})$秒=35分25秒

② 容器の底から 2 m＝200 cmまでの部分は，⑦の部分の高さ 200－175＝25（cm）までの部分であり，ちょうど⑦の部分の半分までの高さである。求める時間は，①の解説より，$\dfrac{875}{48}+\dfrac{450}{48}\div2=22\dfrac{11}{12}$（分），つまり，22分$(60\times\dfrac{11}{12})$秒=22分55秒

(7)② 百の位は 1 ～ 6 だから，百の位の数字を決めてから，3 つの位の数字の合計が 6 になるように，十の位と一の位の数字の決め方が何通りあるかを調べる。このとき，十の位の数字が決まれば一の位の数字が自動的に決まるので，十の位の数字が何通りあるかに注目すればよい。例えば，百の位が 1 だと，十の位は 0 ～ 5 の 6 通りなので，百の位が 1 の 3 けたの整数は 6 個ある。同様に調べると，右の表のようになるから，求める個数は，6 ＋ 5 ＋ 4 ＋ 3 ＋ 2 ＋ 1 ＝21（個）

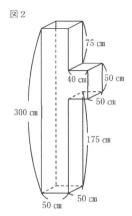

図 2

百の位	十の位	整数の個数
1	0～5	6個
2	0～4	5個
3	0～3	4個
4	0～2	3個
5	0～1	2個
6	0	1個

2 (1) 兄は整備された 360mの道を 360÷ 5 ＝72（秒）で，整備されていない 360mの道を 360÷ 4 ＝90（秒）で進むから，1 周するのに 72× 3 ＋90＝306（秒）かかる。306÷60＝ 5 余り 6 より，360 秒＝ 5 分 6 秒

(2) 兄と弟が 360mの道を進むのにかかる時間を計算してまとめると，右表のようになる。これを元に，兄と弟が各地点に着く秒数をまとめると，右下図のようになる（下線を引いた秒数が弟のもの）。図より，最初にすれちがうのはＣＤ上で 144 秒から 234 秒の間とわかる。144 秒のとき，兄はＣ地点にいて，弟はＤ地点から 2 ×（144－120）＝48（m）進んでいるから，2 人は 360－48＝312（m）はなれている。このあと 312÷（4 ＋ 2）＝52（秒後）にすれちがうから，最初にすれちがうのは，144＋52＝196（秒後），つまり，3 分 16 秒後である。

図より，2 回目にすれちがうのはＢＣ上で 378 秒から 420 秒の間とわかる。

図より，3 回目にすれちがうのはＡＤ上で 540 秒のあととわかる。540 秒のとき，兄はＤ地点に，弟はＡ地点にいて，2 人は 360mはなれている。このあと 360÷（5 ＋ 3）＝45（秒後）にすれちがうから，3 回目にすれちがうのは，540＋45＝585（秒後），つまり，9 分 45 秒後である。

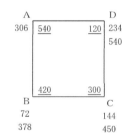

	整備された道	整備されていない道
兄	72秒	90秒
弟	120秒	180秒

```
      A              D
  306 540      120 234
                    540



      420      300
  B              C
  72              144
  378            450
```

3 方眼紙にかく四角形の中の左上のマス（1 辺が 1 cmの正方形のマス）をその正方形の「左上スミ」とよぶことにする。例えば，図 2 ，図 3 ，図 4 の四角形の左上スミは右図Ａの斜線部分である。ある四角形が方眼紙に何個かくことができるかを調べるには，左上スミを置けるマスの個数を数えればよい。例えば，図 2 の左上スミは，右図Ｂの a の部分（4 個）に，図 3 の左上スミは図Ｂの b の部分（4 個）に，図 4 の左上スミは図Ｂの色をつけた部分（9 個）に置くことができる。それぞれの四角形をかくことができる個数は，左上スミを置けるマスの個数と同じである。

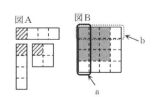

図A　図B

(1) 9を2つの整数の積で表すと，9＝1×9，9＝3×3となる。これより，面積が9cm²のかくことができる四角形は，⑦縦1cm，横9cmの長方形と，⑦縦9cm，横1cmの長方形と，⑦1辺が3cmの正方形である。⑦の左上スミは右図Cのcの部分に置けるから，⑦は9個かける。⑦の左上スミは図Cのdの部分に置けるから，⑦は9個かける。⑦の左上スミは右図Cの色をつけた部分に置けるから，⑦は7×7＝49（個）かける。よって，求める個数は，9×2＋49＝67（個）

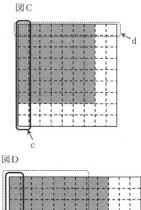

図C

図D

(2) (1)の解説の⑦と⑦の長方形のように，面積が等しい長方形のうち，2つの辺の長さの組み合わせが同じ長方形の個数は，一方の長方形のかくことができる個数を2倍することで求められる（(1)の⑦と⑦の場合は，⑦の2倍で求められる）。しかし，正方形についてはこの考え方ができないことに注意する。

12を2つの整数の積で表すと，12＝1×12，12＝2×6，12＝3×4となる。縦1cm，横12cmの長方形の左上スミは，右図Dのeの部分に置けるから，この長方形は12個かける。縦2cm，横6cmの長方形の左上スミは，図Dのfの部分に置けるから，この長方形は11×7＝77（個）かける。縦3cm，横4cmの長方形の左上スミは，図Dの色をつけた部分に置けるから，この長方形は10×9＝90（個）かける。かくことができる四角形の個数は，長方形の個数を2倍するのを忘れないようにして計算すると，

(12＋77＋90)×2＝358（個）

(3) ここまでの解説をふまえる。かくことができる個数が全部で16個の四角形として，以下の①，②の場合を考えてみる。①「正方形の形でしか表せない面積の四角形で，その正方形の左上スミがおける部分が縦4マス，横4マスの場合」，②「長方形の形でしか表せない面積の四角形で，縦と横の長さの組み合わせが1組しかなく，縦の方が短い長方形をかける個数が16÷2＝8（個）の場合」

①の場合については次のようになる。

正方形の左上スミがおける部分は図Eの色をつけた部分になる。この正方形は1辺の長さが9cmだから，面積は9×9＝81（cm²）である。81を12以下の2つの整数の積で表すには81＝9×9しかないので，面積が81cm²の長方形をかくことはできない。よって，アにあてはまる数の1つは81である。

②の場合については次のようになる。

長方形の左上スミがおける部分が図Fの色をつけた部分となるパターンと，図Gの色をつけた部分となるパターンの2パターンが考えられる。図Fは，縦5cm，横12cmの長方形の左上スミを置ける部分である。この長方形の面積は5×12＝60（cm²）だが，面積が60cm²の四角形は，他にも縦6cm，横10cmの長方形などがあるため，かける個数は16個より多くなる。図Gは，縦9cm，横11cmの長方形の左上スミを置ける部分である。この長方形の面積は9×11＝99（cm²）であり，99を12以下の2つの整数の積で表すには99＝9×11しかない。よって，アにあてはまる数の1つは99である。

以上だけでアにあてはまる数は81と99とわかり，他の場合については考える必要がなくなる。

図E

図F

図G

━━━━━━━━━━━━《解答例》━━━━━━━━━━━━

1 (1)$\frac{13}{15}$　(2)8, 40　(3)21：19　(4)3, 45　(5)(ア)16　(イ)13　(6)①2.5　②1.6　(7)①31　②$\frac{5}{7}$

2 (1)6→11→16→17→18→19／和は108　(2)6→11→12→17→18→19

　(3)6→11→12→13→14→19, 　6→7→12→13→18→19, 　2→7→12→17→18→19

3 (1)(ア)10　(イ)16　(ウ)8　(2)(ア)378　(イ)96　(ウ)8　(3)(ア)$\frac{13}{7}$　(イ)2698　(ウ)8

━━━━━━━━━━━━《解　説》━━━━━━━━━━━━

1 (1)　与式$=\frac{8}{3}-\frac{6}{5}\times\frac{17}{8}+\frac{3}{4}=\frac{8}{3}-\frac{51}{20}+\frac{3}{4}=\frac{160}{60}-\frac{153}{60}+\frac{45}{60}=\frac{52}{60}=\frac{13}{15}$

(2)　コース1周の道のりは$130\times2\times3.14=260\times3.14$(m)だから，Aさんが1周するのにかかる時間は，

　　$(260\times3.14)\div1.57=260\times2=520$(秒)である。$520\div60=8$余り40より，求める時間は**8分40秒**である。

(3)　男子は昨年度の$1+\frac{8}{100}=\frac{108}{100}$(倍)に，女子は昨年度の$1-\frac{5}{100}=\frac{95}{100}$(倍)になったから，求める比は，

　　$(175\times\frac{108}{100}):(180\times\frac{95}{100})=$**21：19**

(4)　容器の容積は$25\times60\times40-25\times30\times(40-20)=45000$(cm³)である。1L＝1000cm³だから，0.2L＝200cm³と

　　なるため，$45000\div200=225$(秒後)に容器は満水になる。$225\div60=3$余り45より，求める時間は**3分45秒**

　　である。

(5)　全員が出席していた場合，アメは$3\times18+4\times18=126$(個)配られたはずなので，必要なアメがちょうど用

　　意されていたことがわかる。したがって，小学生と中学生がそれぞれ何人欠席すればアメが26個余るのかを

　　考える。出席した中学生の人数が奇数ということは，欠席した中学生の人数も奇数である。中学生が1人欠

　　席した場合，$26-4\times1=22$(個)のアメが欠席した小学生のために余ったことになるが，これは3の倍数で

　　はないので，条件にあわない。22個からアメを$4\times2=8$(個)ずつ減らしていき，アメの個数が3の倍数に

　　なるところを探すと，$22-8=14$，$14-8=6$より，6個が見つかる。つまり，小学生は$6\div3=2$(人)欠

　　席し，中学生は$(26-6)\div4=5$(人)欠席したとわかる。

　　　よって，出席した人数は，小学生が$18-2=$**16(人)**，中学生が$18-5=$**13(人)**である。

(6)①　右のように作図できる。三角形DEQは三角形DAGを$\frac{3}{5}$倍に縮小した三角形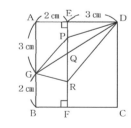

　　だから，$EQ=AG\times\frac{3}{5}=\frac{9}{5}$(cm)となるため，$PQ=\frac{9}{5}-\frac{4}{5}=1$(cm)

　　よって，三角形PGDの面積は，

　　(三角形PQGの面積)＋(三角形PQDの面積)

　　$=PQ\times AE\div2+PQ\times ED\div2$

　　$=1\times2\div2+1\times3\div2=(2+3)\times1\div2=$**2.5(cm²)**

②　①の解説での三角形PGDの面積の求め方と同じように三角形DGRの面積の求め方を考えると，三角

　　形DGRの面積4cm²は，$QR\times AD\div2$で求められる。よって，$QR=4\times2\div5=$**1.6(cm)**

(7)① 分母ごとに場合分けをして約分できない数を探すと，右表のように **31 個**の分数が見つかる。

② $\frac{19}{26}=0.730\cdots$ だから，$\frac{19}{26}$ に近い分数としてすぐに見つかるのは $\frac{7}{10}=0.7$ である。したがって，分母が $2\sim9$ の場合それぞれについて，小数で表したとき小数第 1 位が 7 になる分数を右表から探す。すると，$\frac{7}{9}=0.777\cdots$，$\frac{5}{7}=0.714\cdots$，$\frac{3}{4}=0.75$ が見つかる。

これら 4 つの分数のうち，$\frac{19}{26}=0.730\cdots$ により近いのは，$\frac{5}{7}=0.714\cdots$ か $\frac{3}{4}=0.75$ である。$0.730-0.714=0.016$，$0.75-0.730=0.02$ より，$\frac{5}{7}$ の方が $\frac{19}{26}$ に近いとわかる。

分母が 10 の分数	$\frac{1}{10}$	$\frac{3}{10}$	$\frac{7}{10}$	$\frac{9}{10}$		
分母が 9 の分数	$\frac{1}{9}$	$\frac{2}{9}$	$\frac{4}{9}$	$\frac{5}{9}$	$\frac{7}{9}$	$\frac{8}{9}$
分母が 8 の分数	$\frac{1}{8}$	$\frac{3}{8}$	$\frac{5}{8}$	$\frac{7}{8}$		
分母が 7 の分数	$\frac{1}{7}$	$\frac{2}{7}$	$\frac{3}{7}$	$\frac{4}{7}$	$\frac{5}{7}$	$\frac{6}{7}$
分母が 6 の分数	$\frac{1}{6}$	$\frac{5}{6}$				
分母が 5 の分数	$\frac{1}{5}$	$\frac{2}{5}$	$\frac{3}{5}$	$\frac{4}{5}$		
分母が 4 の分数	$\frac{1}{4}$	$\frac{3}{4}$				
分母が 3 の分数	$\frac{1}{3}$	$\frac{2}{3}$				
分母が 2 の分数	$\frac{1}{2}$					

2 (1) 下に進める場合は，下に進む方が大きい数字のマスへ進むことができる。このため，和がもっとも大きくなるのは，右図アのように進んだ場合であり，このときの和は，
$1+6+11+16+17+18+19+20=\mathbf{108}$

(2) 和が 104 となるのは，図アの進み方よりも和が $108-104=4$ 小さくなる進み方である。右図イのように進めば，図アの場合と比べて，4 つ目の数が $16-12=4$ 小さくなるだけで他の数は変わらない。よって，和が 104 となるのは図イの進み方である。

(3) 和が 96 となるのは，図アの進み方よりも和が $108-96=12$ 小さくなる進み方である。ある数の右上の数はその数より 4 小さいから，図アの進み方と比べて，$12\div4=3$（つ）の数については右上の数を通り，他の数は図アと同じ数を通るようにすればよい。そのような進み方は右図ウ〜オの 3 通りある。

3 (1) 立体Aのたての辺にそって $39\div13=3$（個），横の辺にそって 3 個，高さの辺にそって $52\div13=4$（個）の立方体がならぶ。赤い面が 1 つの立方体は，立体Aの底面に $(3-2)\times(3-2)=1$（個）ずつ，側面に $(4-2)\times(3-2)=2$（個）ずつならぶから，全部で $1\times2+2\times4=\mathbf{10}$（個）ある。

赤い面が 2 つの立方体は，たてと横の辺にそってそれぞれ $3-2=1$（個），高さの辺にそって $4-2=2$（個）ならぶから，全部で $1\times8+2\times4=\mathbf{16}$（個）ある。

赤い面が 3 つの立方体は，立体Aの頂点に位置する立方体だから **8 個**ある。

これら 3 種類の立方体について色分けすると，右図のようになる。

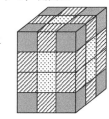

(2) (1)と同じ考え方で計算をする。立体Aのたての辺にそって $39\div\frac{13}{3}=9$（個），横の辺にそって 9 個，高さの辺にそって $52\div\frac{13}{3}=12$（個）の立方体がならぶ。したがって，赤い面が 1 つの立方体は，$\{(9-2)\times(9-2)\}\times2+\{(12-2)\times(9-2)\}\times4=\mathbf{378}$（個）ある。赤い面が 2 つの立方体は，$(9-2)\times8+(12-2)\times4=\mathbf{96}$（個）ある。赤い面が 3 つの立方体は **8 個**ある。

(3) 赤い面が 3 つの立方体は **8 個**あるから，立体Aの辺上にならぶ立方体は全部で $256+8=264$（個）である。それぞれ 4 本あるたて，横，高さの辺上の立方体の個数をすべて合計すると，1 つの頂点に 3 本の辺が集まっていることから，頂点 1 つにつき $3-1=2$（個）の立方体を実際よりも余分に数えることになるので，全

部で $2 \times 8 = 16$(個)余分に数えることになる(実際の個数より多くなる)。したがって，それぞれ4本あるたて，横，高さの辺上の立方体の個数の合計は $264 + 16 = 280$(個)になるから，1本ずつのたて，横，高さの辺上の立方体の個数の合計は，$280 \div 4 = 70$(個)となる。

たて，横，高さの辺上の立方体の個数の比は，$39 : 39 : 52 = 3 : 3 : 4$ となるから，たてと横の辺上の立方体はそれぞれ $70 \times \dfrac{3}{3 + 3 + 4} = 21$(個)，高さの辺上の立方体は $21 \times \dfrac{4}{3} = 28$(個)である。

よって，立方体の1辺の長さは $39 \div 21 = \dfrac{13}{7}$(cm)である。赤い面が1つの立方体の個数は，(1)と同様に計算をすると，$\{(21 - 2) \times (21 - 2)\} \times 2 + \{(28 - 2) \times (21 - 2)\} \times 4 = $ **2698**(個)

平成 ㉗ 年度 解答例・解説

《解答例》

1 (1) $\dfrac{2}{3}$　(2) 14800　(3) 4.9　(4)① 2.625　② 19.25　(5)① $\dfrac{13}{6}$　②(ア) 5.2　(イ) 2.05

　(6)(ア) 37.5　(イ) 93.75

2 (1) 3　(2) ア. 95　イ. 5　(3) もっとも大きい整数…9992　もっとも小さい整数…1099

3 (1)(ア) 3　(イ) 16　(2) 28　(3) 24

《解 説》

1 (1)　与式 $= 6 - \dfrac{7}{5} \times \dfrac{8}{7} \times \dfrac{10}{3} = \dfrac{18}{3} - \dfrac{16}{3} = \dfrac{2}{3}$

(2)　$(4 \times 3.7) \text{kg} = 14.8 \text{kg} = (1000 \times 14.8) \text{g} = \mathbf{14800}$ g

(3)　この容器の底面積は，縦 5 ㎝，横 10 ㎝の長方形の面積と，縦 $(10-5)=5$ (㎝)，横 4 ㎝の長方形の面積の和に等しく，$5 \times 10 + 5 \times 4 = 70$(㎠)である。したがって，この容器の容積は $70 \times 7 = 490$(㎤)である。

$1 \text{dL} = \dfrac{1}{10} \text{L}$，$1 \text{L} = 1000$ ㎤だから，$1 \text{dL} = 1000 \times \dfrac{1}{10} = 100$(㎤)より，この容器の容積は，$490 \div 100 = \mathbf{4.9}$(dL)

(4)①　四角形ＥＢＣＦは台形だから，ＣＦ $= 21 \times 2 \div (4+12) = \mathbf{2.625}$(㎝)

②　台形ＡＢＣＤの面積から台形ＡＥＦＤの面積と台形ＥＢＣＦの面積を引いて求める。

四角形ＡＥＦＤは台形だから，ＦＤ $= 21 \times 2 \div (8+4) = \dfrac{7}{2}$(㎝)

したがって，ＣＤ $=$ ＣＦ $+$ ＦＤ $= \dfrac{21}{8} + \dfrac{28}{8} = \dfrac{49}{8}$(㎝)だから，

台形ＡＢＣＤの面積は，$(8+12) \times \dfrac{49}{8} \div 2 = \dfrac{245}{4} = 61.25$(㎠)

よって，三角形ＡＢＥの面積は，$61.25 - 21 \times 2 = \mathbf{19.25}$(㎠)

(5)①　$\dfrac{3}{2} + \dfrac{2}{3} = \dfrac{9}{6} + \dfrac{4}{6} = \dfrac{13}{6}$

②　どのように 2 個の数を選んでも，計算式は，1 より大きい数と 1 より小さい数の足し算となる。

このうち 1 より大きい数の方をＡ，1 より小さい数の方をＢとする。

Ａは $\dfrac{5}{4} = 1.25$ 以上，$\dfrac{5}{1} = 5$ 以下であり，Ｂは $\dfrac{1}{5} = 0.2$ 以上，$\dfrac{4}{5} = 0.8$ 以下となる。

したがって，計算した答えがもっとも大きくなるのは，Ａが最大になるときであり，

それは 1 と 5 を選んだときの，$\dfrac{5}{1} + \dfrac{1}{5} = \mathbf{5.2}$ である。

また，計算した答えがもっとも小さくなるのは，Ａが最小のときと予想できる。

Ａが最小になるときは 4 と 5 を選んだときであり，計算した答えは $\dfrac{5}{4} + \dfrac{4}{5} = 2.05$ となる。

Ａが 2 番目に小さい $\dfrac{4}{3}$ となるときの計算した答えを確認すると，$\dfrac{4}{3} + \dfrac{3}{4} = \dfrac{25}{12} = 2.08\cdots$ となる。

Ａが 3 番目に小さい $\dfrac{3}{2}$ となるときの計算した答えを確認すると，①より，$\dfrac{13}{6} = 2.16\cdots$ となる。

よって，もっとも小さい答えは，Ａが最小のときの答えである **2.05** である。

(6)　2 人が最初にすれちがうのは，2 人が進んだ道のりの和が 300m になるときであり，

出発してから $300 \div (5+3) = \mathbf{37.5}$(秒後)である。

兄が 1 周するのは $300 \div 5 = 60$(秒後)，兄が再び出発するのは $60+30=90$(秒後)，弟が 1 周するのは

$300 \div 3 = 100$(秒後)だから，2 回目にすれちがうのは 90 秒後から 100 秒後の間である。

90 秒後のとき，弟はＡ地点まであと $3 \times (100-90) = 30$(m)の地点にいる。

このあと 2 人が進んだ道のりの和が 30m になるときに 2 人はすれちがい，

それは 90 秒後から，30÷（5＋3）＝3.75（秒後）の，90＋3.75＝**93.75（秒後）**である。

2 (1)　3＋3＋1＋5＝12，1＋2＝**3**

(2)　イは 1～9 のどれかだから，アは 91～99 のどれかである。

91～99 のすべての位の数の和を求めることをくり返すと，元の数の一の位と等しい数になることがわかる。

よって，95＋5＝100 より，アは **95**，イは **5** である。

(3)　すべての位の数の和を求めるたびに現れる数を右図のように表す。

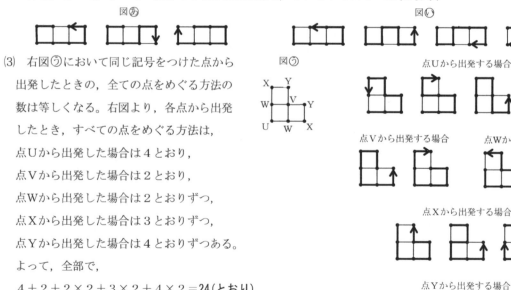

もっとも大きい 4 けたの数は 9999 だから，エはもっとも大きくて 9×4＝36 であり，2 けたの数とわかる。

また，エが 2 けたでカが 1 けただから，オは 2 けたの数である。

オが 2 けたになることと，エが 36 以下であることから，エは 29 か 28 か 19 である。

したがって，もっとも大きいウの値は，エが 29 となるようなもっとも大きい 4 けたの数である **9992** である。

もっとも小さいウの値は，エが 19 となるようなもっとも小さい 4 けたの数である **1099** である。

3 (1)　点 T を出発してすべての点をめぐる方法は，右図の **3 とおり**ある。

図 3 を長方形と考えると，点 S のような横の辺の真ん中の点から出発してすべての点をめぐる方法は 2 と

おりずつあり，点 T のような頂点から出発してすべての点をめぐる方法は 3 とおりずつあるから，

全ての点をめぐる方法は全部で，2×2＋3×4＝**16（とおり）**

(2)　図 5 を長方形と考えると，横の辺上にある頂点以外の点から出発してすべての点をめぐる方法は，下図

⑧のように 3 とおりずつあり，頂点から出発してすべての点をめぐる方法は，下図⑩のように 4 とおりず

つある。よって，すべての点をめぐる方法は全部で，3×4＋4×4＝**28（とおり）**

(3)　右図⑤において同じ記号をつけた点から

出発したときの，全ての点をめぐる方法の

数は等しくなる。右図より，各点から出発

したとき，すべての点をめぐる方法は，

点 U から出発した場合は 4 とおり，

点 V から出発した場合は 2 とおり，

点 W から出発した場合は 2 とおりずつ，

点 X から出発した場合は 3 とおりずつ，

点 Y から出発した場合は 4 とおりずつある。

よって，全部で，

4＋2＋2×2＋3×2＋4×2＝**24（とおり）**

═══════════════════ 《解答例》 ═══════════════════

1 (1)2.37　(2)6700　(3)19：13　(4)①29　②$\dfrac{5}{7}$　(5)(ア)30　(イ)72　(ウ)195

(6)(ア)14.4　(イ)11.25

2 (1)4，62$\dfrac{6}{7}$　(2)A，2$\dfrac{6}{7}$　(3)(ア)14　(イ)42　(ウ)1750

3 (1)B，$\dfrac{7}{6}$　(2)(ア)3　(イ)4　(ウ)5　(エ)7　(オ)8　(カ)9　(3)(キ)4　(ク)7　(ケ)8　(コ)5

(サ)6　(シ)9

═══════════════════ 《解　説》 ═══════════════════

1 (1)　与式＝10.07－7.7＝**2.37**

(2)　3149÷$\dfrac{47}{100}$＝**6700**(円)

(3)　4時間26分＝(60×4＋26)分＝266分，3時間2分＝(60×3＋2)分＝182分より，266：182＝**19：13**

(4)　線対称な図形は対称の軸によって合同な2つの図形に分けられるので，三角形ACE，ACB，DCE，

AFEはすべて合同な三角形であることを利用する。

①　AB＝AE＝6㎝，BC＝EC＝5㎝，CD＝CA＝7㎝，DE＝AE＝6㎝，EF＝EC＝5㎝より，

求める長さの和は，6＋5＋7＋6＋5＝**29**(㎝)

②　角ACD＝角ACE×2，角BCE＝角ACE×2より，角ACD＝角BCE

また，三角形BCEはCB＝CEの二等辺三角形であり，三角形ACDはCA＝CDの二等辺三角形である。

したがって，三角形BCE，ACDは大きさが異なる同じ形の三角形とわかるから，

BE：AD＝BC：AC＝5：7より，直線BEの長さは直線ADの長さの$\dfrac{5}{7}$**倍**である。

(5)　「29の約数の和」は，1＋29＝(ア)**30**　　「30の約数の和」は，1＋2＋3＋5＋6＋10＋15＋30＝(イ)**72**

「72の約数の和」は，1＋2＋3＋4＋6＋8＋9＋12＋18＋24＋36＋72＝(ウ)**195**

(6)　容器Bの6はい分の水の体積は，（4×4×15）×6＝1440(㎤)

したがって，この水を容器Aに入れたときの水の深さは，1440÷(10×10)＝**14.4**(㎝)

容器Bを容器Aの中に入れたとき，容器Bの外側にある水の体積は(10×10－4×4)×15＝1260(㎤)だから，

容器Bに入っている水の体積は，1440－1260＝180(㎤)

よって，容器Bに入っている水の深さは，180÷(4×4)＝**11.25**(㎝)

2 (1)　Bさんは70×10＝700(m)歩くごとに休けいする。3㎞＝3000m，3000÷700＝4余り200より，Bさんは

4回休けいする。4回目の休けいが終わるのは出発してから(10＋5)×4＝60(分後)で，残り200mを歩くのに

200÷70＝2$\dfrac{6}{7}$(分)かかるから，Q地点にとう着するのはP地点を出発してから60＋2$\dfrac{6}{7}$＝**62**$\dfrac{6}{7}$**(分後)**である。

(2)　AさんはQ地点にとう着するまでに3000÷50＝60(分)かかるから，**A**さんのほうが62$\dfrac{6}{7}$－60＝2$\dfrac{6}{7}$**(分)**早く

とう着する。

(3) Bさんが歩いている 10 分間ではBさんのほうがAさんより

も (70−50)×10＝200 (m) 多く進み，Bさんが休けいしている 5

分間でAさんは 50×50＝250 (m) 進むということをくり返す。

よって，Bさんが休けいを開始する時間と休けいを終了する時間

ごとに，AさんとBさんのどちらが何m先にいるかを表にまとめる

と右のようになる。表より，AさんはBさんが休けいするたびに

出発して からの時間	Bの休けい	先にいるほう	何m先か
10 分後	開始	B	200m
15 分後	終了	A	50m
25 分後	開始	B	150m
30 分後	終了	A	100m
40 分後	開始	B	100m
45 分後	終了	A	150m
55 分後	開始	B	50m
60 分後	終了	A	200m

必ずBさんを追いこし，Bさんは，60 分後よりも前では，歩くのを再開するたびにAさんを追いこすことがわかる。

よって，AさんがBさんを1回目に追いこすのは 10 分後から 200÷50＝4 (分間) 歩いた，10＋4＝**14 (分後)**

AさんがBさんを3回目に追いこすのは 40 分後から 100÷50＝2 (分間) 歩いた，40＋2＝**42 (分後)**

BさんがAさんを2回目に追いこすのは 30 分後から 100÷(70−50)＝5 (分間) 歩いた 30＋5＝35 (分後)で，

P地点から 50×35＝**1750 (m)** のところである。

3 (1) A君の得点は $\frac{94}{3}$，B君の得点は $\frac{65}{2}$ だから，B君が $\frac{65}{2}-\frac{94}{3}=\frac{195}{6}-\frac{188}{6}=\frac{7}{6}$ (点) の差で勝った。

(2) このゲームでつくられる分数は，分母が最大で7であり，分子が2けたである。この条件にあてはまるよう

に，得点が 18 点となるような分数を考えると，$\frac{18}{1}$，$\frac{36}{2}$，$\frac{54}{3}$，$\frac{72}{4}$，$\frac{90}{5}$ のいずれかであるが，このうち分数の

つくりかたにあうものは $\frac{54}{3}$ だけである。したがって，A君が選んだカードは小さい順に，③，④，⑤

B君が選んだカードは③，④，⑤以外であることをふまえて同様に考えると，得点が 14 点となるような分数は

$\frac{98}{7}$ である。したがって，B君が選んだカードは小さい順に，⑦，⑧，⑨

(3) $\frac{51}{20}$ 点の分母の 20 を2つの整数の積で表すと，1×20，2×10，4×5 となるから，2人の得点はともに分数

で，その分母として考えられるのは4と5だけである。つくった分数の分母が8以上になることはないから，

2人のつくった分数の分母は4と5であり，つくった分数は約分されずにそのまま得点になったとわかる。

したがって，2人のつくった分数の分子は⑥，⑦，⑧，⑨のカードからできており，考えられる分子の組み合

わせは (76，98) (86，97) (96，87) のいずれかである。つくった分数は約分できないから，分母が4の分数の分子

は 97 か 87 のいずれかであり，2人の得点は $\frac{97}{4}$ と $\frac{86}{5}$ か，$\frac{87}{4}$ と $\frac{96}{5}$ のいずれかである。

$\frac{97}{4}-\frac{86}{5}=\frac{141}{20}$，$\frac{87}{4}-\frac{96}{5}=\frac{51}{20}$ より，A君の得点は $\frac{87}{4}$ 点，B君の得点は $\frac{96}{5}$ 点である。

よって，A君が選んだカードは小さい順に，④，⑦，⑧　B君が選んだカードは小さい順に，⑤，⑥，⑨

平成 **25** 年度 解答例・解説

═══════════════════ 《解答例》 ═══════════════════

1 (1)10.5　(2)5760　(3)$2\frac{1}{3}$　(4)11：8　(5)62.8　(6)(ア) $2\frac{1}{6}$　(イ) $1\frac{1}{10}$ 〔別解〕1.1

(7)①0.95　②(ア)19　(イ)6　(ウ)20　③12，50

2 (1)10　(2)19，30　(3)235

3 (1)(ア) 0　(イ) 1　(ウ) 3　(エ) 4

(2)(ア) 0　(イ) 0　(ウ) 1　(エ) 0　(オ) 0　(カ) 5　(キ) 0　(ク) 0

(3)(ア) 0　(イ) 0　(ウ) 1　(エ) 2　(オ) 3　(カ) 3／右図

《解　説》

1 (1) 　与式＝7.3－3.6＋6.8＝3.7＋6.8＝**10.5**

(2) 　30 と 16 の最小公倍数は 240，48 と 72 の最大公約数は 24 だから，240×24＝**5760**

(3) 　異なる速さで同じ道のりを進むとき，かかる時間の比は速さの逆比に等しい。このことから，時速 245 km の新幹線と時速 105 km の電車が同じ道のりを進むのにかかる時間の比は，$\frac{1}{245}:\frac{1}{105}$＝105：245＝3：7

よって，時速 105 km の電車は，a 分の $\frac{7}{3}$＝$2\frac{1}{3}$**(倍)** の時間がかかる。

(4) 　A中学校の男子生徒全体の人数は $22\div\frac{8}{100}$＝$22\times\frac{100}{8}$＝275（人），女子生徒全体の人数は

$18\div\frac{9}{100}$＝$18\times\frac{100}{9}$＝200（人）だから，求める人数の比は，275：200＝**11：8**

(5) 　図2の図形の外側のふちと内側のふちで，長さが等しいところに同じ印をつけると

右図のようになる。この図から，外側のふちと内側の長さの差は，□をつけた曲線4つ

の長さの合計と，○をつけた曲線4つの長さの合計の差に等しいとわかる。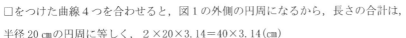

□をつけた曲線4つを合わせると，図1の外側の円周になるから，長さの合計は，

半径 20 cm の円周に等しく，2×20×3.14＝40×3.14（cm）

○をつけた曲線4つを合わせると，図1の内側の円周になるから，長さの合計は，

半径 10 cm の円周に等しく，2×10×3.14＝20×3.14（cm）

よって，求める長さの差，40×3.14－20×3.14＝（40－20）×3.14＝20×3.14＝**62.8（cm）**

(6) 　分数は，分母が小さく，分子が大きいほど大きい分数となる。このことから，計算した答えをできるだけ大きくするには，囚に5をあてはめればよいとわかる。困に3をあてはめる場合と4をあてはめる場合の，計算した答えを比べると，$\frac{2}{3}+\frac{5}{4}=\frac{8}{12}+\frac{15}{12}=\frac{23}{12}=1\frac{11}{12}$，$\frac{2}{4}+\frac{5}{3}=\frac{6}{12}+\frac{20}{12}=\frac{26}{12}=2\frac{1}{6}$ より，もっとも大きい答えは，$2\frac{1}{6}$

また，分母が大きく，分子が小さいほど小さい分数となるから，計算した答えをできるだけ小さくするには，囚に3をあてはめればよいとわかる。困に4をあてはめる場合と5をあてはめる場合の，計算した答えを比べると，$\frac{2}{4}+\frac{3}{5}=\frac{10}{20}+\frac{12}{20}=\frac{22}{20}=1\frac{1}{10}$，$\frac{2}{5}+\frac{3}{4}=\frac{8}{20}+\frac{15}{20}=\frac{23}{20}=1\frac{3}{20}$ より，もっとも小さい答えは，$1\frac{1}{10}$

(7)① 　この水そうは，縦 1 m，横 0.5 m，高さが 0.5 m の直方体と，縦 1 m，横 1.2－0.5＝0.7（m），高さが

1 m の直方体を合わせた形をしているから，容積は，1×0.5×0.5＋1×0.7×1＝**0.95（㎥）**

② 　1 L＝1000 ㎤，1 ㎥＝(100×100×100)㎤＝1000000 ㎤ より，1 L＝$\frac{1000}{1000000}$㎥＝0.001 ㎥ である。このことから，50 L＝0.05 ㎥，100 L＝0.1 ㎥ より，水を入れる割合は，水道Aが毎分 0.05 ㎥，水道Bが毎分 0.1 ㎥

この水そうに水が入っていない状態から，水道Aだけを用いて水を入れると，満水になるのは 0.95÷0.05＝**19（分後）**

また，水道Aと水道Bの両方を同時に使うと，0.05＋0.1＝0.15 より，毎分 0.15 L の割合で水そうに水が入る。水そうに水が入っていない状態で，水道Aと水道Bの両方を同時に用いて水を入れると，満水になるのは 0.95÷0.15＝$\frac{19}{3}$＝$6\frac{1}{3}$（分後）である。$\frac{1}{3}$分＝(60×$\frac{1}{3}$)秒＝20 秒 より，これは**6分20秒後**である。

③ 　水道Aだけを用いて 40 秒間水を入れ，水道Bだけを用いて 40 秒間水を入れる作業を1つの周期と考えると，1つの周期の時間は 40＋40＝80（秒）である。また，40 秒＝$\frac{40}{60}$分＝$\frac{2}{3}$分 より，1つの周期で入れる水の量は，0.15×$\frac{2}{3}$＝0.1（㎥）である。0.95÷0.1＝9 余り 0.05 より，9回目の周期がちょうど終わった時点で水そうに入れられる水の量は，残り 0.05 ㎥ となる。10回目の周期で水道Aだけから 40 秒間水を入れると，水そうに入れられる水の量は，残り 0.05－0.05×$\frac{2}{3}$＝0.05×$\frac{1}{3}$＝$\frac{1}{60}$（㎥）となる。水道Bだけを用いて$\frac{1}{60}$㎥の水を入れるのにかかる時間は，$\frac{1}{60}$÷0.1＝$\frac{1}{6}$（分），つまり$\frac{1}{6}$分＝(60×$\frac{1}{6}$)秒＝10 秒だから，満水になるのは 80×9＋40＋10＝770（秒後）である。770÷60＝12 余り 50 より，これは**12分50秒後**である。

2 (1) A地点からB地点までの300mを進むのに $300 \div 100 = 3$(分)かかる。

B地点で1個の荷物を積むのに 20秒$= \dfrac{20}{60}$分$= \dfrac{1}{3}$分かかり，B地点からE地点までの $200 + 200 + 200 = 600$(m)は，分速90mで進むから，$600 \div 90 = 6\dfrac{2}{3}$(分)かかる。よって，求める時間は，$3 + \dfrac{1}{3} + 6\dfrac{2}{3} = 10$(分)

(2) B地点からC地点までは荷物を2個積んでいるから分速80mで進み，C地点からE地点までは荷物を $2 + 5 = 7$(個)積んでいるから分速30mで進む。このことから，B地点からC地点までの200mを進むのに $200 \div 80 = 2\dfrac{1}{2}$(分)，C地点からE地点までの $200 + 200 = 400$(m)を進むのに $400 \div 30 = 13\dfrac{1}{3}$(分)かかる。

A地点からB地点までの300mを進むのに3分かかり，B地点とC地点で荷物を積むのに $\dfrac{1}{3}$分ずつかかるから，かかる時間は全部で，$3 + \dfrac{1}{3} + 2\dfrac{1}{2} + \dfrac{1}{3} + 13\dfrac{1}{3} = 19\dfrac{1}{2}$(分)

$\dfrac{1}{2}$分$= \left(60 \times \dfrac{1}{2}\right)$秒$= 30$秒より，求める時間は **19分30秒** である。

(3) 2人ともA地点では荷物を積んでいないから，同時にA地点を出発すると，同時にB地点にとう着する。また，荷物の個数にかかわらず荷物を積むのにかかる時間は20秒だから，B地点も同時に出発する。

荷物を2個積んだ状態でB地点を出発した兄は，C地点まで分速80mの速さで進むから，B地点からC地点まで進むのに $2\dfrac{1}{2}$分かかる。兄は，C地点で荷物をさらに3個積み，荷物を $2 + 3 = 5$(個)積んだ状態でC地点からE地点までの400mを分速50mの速さで進むから，$400 \div 50 = 8$(分)かかる。これらのことから，兄がB地点からE地点まで進むのにかかる時間は，$2\dfrac{1}{2} + \dfrac{1}{3} + 8 = 10\dfrac{5}{6}$(分)となる。

荷物を6個積んだ状態でB地点を出発した弟は，C地点まで分速40mの速さで進むから，B地点からC地点まで進むのに $200 \div 40 = 5$(分)かかる。弟は，C地点で荷物をさらに1個積み，荷物を $6 + 1 = 7$(個)積んだ状態でC地点からD地点までの200mを分速30mの速さで進むから，$200 \div 30 = 6\dfrac{2}{3}$(分)かかる。これらのことから，弟がB地点からD地点まで進むのにかかる時間は，$5 + \dfrac{1}{3} + 6\dfrac{2}{3} = 12$(分)となる。

以上のことから，兄がE地点にとう着したとき，弟はC地点とD地点の間にいるとわかる。兄がE地点にとう着するのは，弟がD地点にとう着する $12 - 10\dfrac{5}{6} = 1\dfrac{1}{6}$(分前)だから，このとき弟はD地点の $1\dfrac{1}{6} \times 30 = 35$(m)手前にいる。これはE地点まであと $35 + 200 = 235$(m) の位置である。

3 (1) 正方形の組み合わせ方を見つけるには，次のように考えればよい。

1辺の長さが5cmの正方形の中に，最初に1辺の長さが4cmの正方形1個をあてはめると，$5 - 4 = 1$(cm)より，残りの部分にあてはめられる正方形は，1辺の長さが1cmの正方形となる。この場合，例えば右図のようなあてはめ方ができ，正方形の個数が全部で $1 + 9 = 10$(個)となり，条件にあわない。

次に，1辺の長さが4cmの正方形を使わない組み合わせ方を考える。

1辺の長さが3cmの正方形1個をあてはめると，$5 - 3 = 2$(cm)より，残りの部分にあてはめられる正方形は，1辺の長さが2cm以下の正方形となる。正方形の個数の合計ができるだけ少なくなるように，1辺の長さが2cmの正方形から残りの部分にあてはめていくと，例えば右図のようなあてはめ方ができる。このあてはめ方では，正方形の個数が全部で $1 + 3 + 4 = 8$(個)となり，条件にあう。また，これ以外のあてはめ方は，1辺の長さが2cmの正方形の1個を，1辺の長さが1cmの正方形 $(2 \times 2) \div (1 \times 1) = 4$(個)にかえていくと見つけることができるが，その場合の正方形の個数の合計は8個より多くなり，条件にあわない。

同様にして，1辺の長さが2cm以下の正方形だけを組み合わせる場合，1辺の長さが1cmの正方形だけを使う場合について考えると，どちらの場合においても，正方形の個数の合計が8個以上となり，条件にあわない。

(2)(3) (1)と同様に考えて，正方形の組み合わせ方を見つければよい。

═══════════════ 《解答例》 ═══════════════

1 (1)502.4 　(2)5000 　(3)$\frac{7}{9}$ 　(4)13, 14, 26 　(5)(ア)0.7 　(イ)10.8 　(ウ)12.6 　(エ)0.9

　(6)① 6 : 7 　②14

2 (1)14 　(2)(ア)60 　(イ)61 　(3)(ウ) 7 　(エ) 5 　(4)165

3 (1)15 　(2)10, 50 　(3)8, 48 　(4)$\frac{29}{12}$ 〔別解〕 $2\frac{5}{12}$

═══════════════ 《解 説》 ═══════════════

1 (1)　$4 \times 4 \times 3.14 \times 10 = $**502.4(cm³)**

　(2)　$8.3 \times 60 \times 60 = 29880$ より，秒速 8.3 km＝時速 29880 km だから，かかる時間は，$149400000 \div 29880 = $**5000(時間)**

　(3)　ＢＣ$= 3 - (\frac{3}{2} + \frac{5}{6}) = 3 - (\frac{9}{6} + \frac{5}{6}) = 3 - \frac{7}{3} = \frac{2}{3}$(m)

　よって，求める面積は，$(\frac{3}{2} + \frac{5}{6}) \times \frac{2}{3} \div 2 = \frac{7}{3} \times \frac{2}{3} \times \frac{1}{2} = $**$\frac{7}{9}$(m²)**

　(4)　参加した子どもに配ったアメは $190 - 8 = 182$(個)である。参加した子どもの人数は，182 の約数のうち，

　余ったアメの個数の 8 よりも大きく，予定していた人数の 38 より小さい数である。

　182 の約数は，1，2，7，13，14，26，91，182 だから，求める人数は小さい順に，**13，14，26** である。

　(5)　xとyは反比例し，xとyの積は $4.2 \times 5.4 = 22.68$ になる。

　よって，(ア)$22.68 \div 32.4 = $**0.7**，(イ)$22.68 \div 2.1 = $**10.8**，(ウ)$22.68 \div 1.8 = $**12.6**，(エ)$22.68 \div 25.2 = $**0.9**

　(6)①　図のななめの線をつけた部分の面積を 1 とすると，三角形ＡＢＣの面積は $1 \div \frac{1}{3} = 3$，

　長方形ＰＱＲＳの面積は $1 \div \frac{2}{7} = \frac{7}{2}$ と表せる。よって，求める面積の比は $3 : \frac{7}{2} = $**6 : 7**

　②　三角形ＡＢＣと長方形ＰＱＲＳの高さを 1 とすると，三角形ＡＢＣの面積は $24 \times 1 \div 2 = 12$ となり，

　①より，長方形ＰＱＲＳの面積は $12 \times \frac{7}{6} = 14$ になる。直線ＰＱを底辺としたときの高さは 1 だから，

　ＰＱの長さは $14 \div 1 = $**14(cm)** である。

2 (1)　8 番目は $3 + 1 = 4$，9 番目は $1 + 4 = 5$，10 番目は $4 + 5 = 9$，11 番目は $5 + 9 = 14$ だから 4，12 番目

　は $9 + 4 = 13$ だから 3，13 番目は $4 + 3 = 7$，14 番目は $3 + 7 = 10$ だから 0

　よって，はじめて 0 をかくのは **14 番目**のらん。

　(2)　13 番目・14 番目・15 番目・16 番目が 7・0・7・7 となるように，1 を 2 個続けてかくのは，1 の後に 0 がく

　るときである。17 番目以降を続けると，4・1・5・6(20 番目)・1・7・8・5・3・8・1・9・0・

　9(30 番目)・9・8・7・5・2・7・9・6・5・1(40 番目)・6・7・3・0・3・3・6・9・5・

　4(50 番目)・9・3・2・5・7・2・9・1・0 となり，58 番目・59 番目が 1・0 となるから，はじめて 1 を

　2 個続けてかくのは (ア)**60 番目**と(イ)**61 番目**である。

　(3)　61 番目が 1，62 番目が $1 + 1 = 2$ より，61 番目からかく数は 1 番目からかく数と同じ並びになる。

　よって，60 個の数を 1 つの周期とする数がくり返されている。$1233 \div 60 = 20$ 余り 33 より，1233 番目は，

　$20 + 1 = 21$(回)目の周期の 33 番目の(ウ)**7**，1234 番目は次の(エ)**5**。

　(4)　7 は，1 つの周期の中に 8 個あり，周期の 34 番目までには 5 個ある。

　よって，1234 番目までには，$8 \times 20 + 5 = $**165(個)**ある。

3 (1) Aさんは1時間で3km進んだ後，1時間で2kmもどるから，1＋1＝2（時間）で，S地点から3－2＝1（km）進んだことになる。これをくり返し，S地点から10－3＝7（km）の地点まで進めば，次の1時間でG地点にとう着するから，G地点に到着するのは2×（7÷1）＋1＝**15（時間後）**である。

(2) (1)と同様に考える。2時間でS地点から$3-\dfrac{3}{2}=\dfrac{3}{2}$（km）進むことになる。これをくり返し，S地点の方へもどったときの地点が，S地点から10－3＝7（km）の地点よりG地点に近づけば，次の1時間以内にG地点にとう着する。$7÷\dfrac{3}{2}=7×\dfrac{2}{3}=\dfrac{14}{3}=4\dfrac{2}{3}$より，2×（4＋1）＝10（時間）で，S地点から$\dfrac{3}{2}×(10÷2)=\dfrac{15}{2}$（km）の地点にいる。この地点からG地点までは$10-\dfrac{15}{2}=\dfrac{5}{2}$（km）あるから，$\dfrac{5}{2}÷3=\dfrac{5}{6}$（時間）かかる。$\dfrac{5}{6}$時間＝50分だから，G地点にとう着するのは**10時間50分後**。

(3) (2)と同様に考える。2時間でS地点から$\dfrac{10}{3}-\dfrac{3}{2}=\dfrac{11}{6}$（km）進むことになる。これをくり返し，S地点の方へもどったときの地点が，S地点から$10-\dfrac{10}{3}=\dfrac{20}{3}$（km）の地点よりG地点に近づけば，次の1時間以内にG地点にとう着する。$\dfrac{20}{3}÷\dfrac{11}{6}=\dfrac{20}{3}×\dfrac{6}{11}=\dfrac{40}{11}=3\dfrac{7}{11}$より，2×（3＋1）＝8（時間）で，S地点から$\dfrac{11}{6}×(8÷2)=\dfrac{22}{3}$（km）の地点にいる。この地点からG地点までは，$10-\dfrac{22}{3}=\dfrac{8}{3}$（km）あるから，$\dfrac{8}{3}÷\dfrac{10}{3}=\dfrac{4}{5}$（時間）かかる。$\dfrac{4}{5}$時間＝48分だから，G地点にとう着するのは**8時間48分後**。

(4) 25時間のうちの最後の1時間は時速3kmで進んだから，時速3kmで進んだ時間の方が1時間多い。よって，時速3kmで進んだ時間は（25＋1）÷2＝13（時間）であり，時速3kmで進んだ道のりの合計は3×13＝39（km）である。時速bkmで進んだ時間は25－13＝12（時間）であり，進んだ道のりの合計は39－10＝29（km）である。したがって，bの値は29÷12＝$\dfrac{29}{12}$である。

平成 23 年度 解答例・解説

=《解答例》=

1 (1)6.8〔別解〕$6\dfrac{4}{5}$，$\dfrac{34}{5}$　　(2)36.6　　(3)(ア)$2\dfrac{2}{5}$〔別解〕2.4，$\dfrac{12}{5}$　(イ)$\dfrac{2}{3}$　　(4)$4\dfrac{7}{12}$〔別解〕$\dfrac{55}{12}$

(5)(ア)72　(イ)96　(ウ)24　　(6)25

2 (1)37.5〔別解〕$37\dfrac{1}{2}$，$\dfrac{75}{2}$　　(2)(ア)40　(イ)480　　(3)(ウ)200　(エ)600

3 5だんの場合…(ア)5／下図　　6だんの場合…(イ)7／下図　　7だんの場合…(ウ)9／下図

3（ア）の図

3（イ）の図

3（ウ）の図

=《解　説》=

1 (1) 与式＝2.6＋3.5×1.4－3.5×0.2＝2.6＋3.5×（1.4－0.2）＝2.6＋3.5×1.2＝2.6＋4.2＝**6.8**

(2) 5年生と6年生が1年間で読んだ本のさつ数の合計は，90×38.8＋110×34.8＝7320（さつ）である。5年生と6年生の人数の合計は90＋110＝200（人）なので，求める平均は，7320÷200＝**36.6（さつ）**となる。

(3) 辺BCを底辺とすると，三角形ABCの面積は4×3÷2＝6（cm²）なので，辺ACを底辺としたときの高さは，6×2÷5＝(ア)$2\dfrac{2}{5}$**(cm)**である。辺CDの長さは$\dfrac{26}{5}×2÷2\dfrac{2}{5}=4\dfrac{1}{3}$（cm）なので，直線ADの長さは，$5-4\dfrac{1}{3}=$(イ)$\dfrac{2}{3}$**(cm)**である。

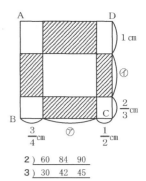

(4) 右図のように記号をおく。⑦＝$3-\dfrac{3}{4}-\dfrac{1}{2}=\dfrac{7}{4}$(cm)，⑦＝$3-1-\dfrac{2}{3}=\dfrac{4}{3}$(cm)

よって，求める面積は，たて・横の長さが1cm・$\dfrac{7}{4}$cmの長方形と，$\dfrac{4}{3}$cm・$\dfrac{3}{4}$cmの

長方形と，$\dfrac{4}{3}$cm・$\dfrac{1}{2}$cmの長方形と，$\dfrac{2}{3}$cm・$\dfrac{7}{4}$cmの長方形の面積の和に等しいから，

$1\times\dfrac{7}{4}+\dfrac{4}{3}\times\dfrac{3}{4}+\dfrac{4}{3}\times\dfrac{1}{2}+\dfrac{2}{3}\times\dfrac{7}{4}=\dfrac{7}{4}+1+\dfrac{2}{3}+\dfrac{7}{6}=4\dfrac{7}{12}$(cm²)となる。

(5) 右図より，$2\times3=6$なので，60と84と90はすべて6の倍数である。

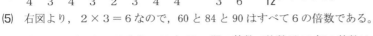

$60=6\times10$，$84=6\times14$より，61と83の間の整数で約数が12個の整数は，

6に11，12，13のどれかをかけた数であると考えられる。$6\times11=66$，$6\times12=72$，$6\times13=78$より，72の

約数は1，2，3，4，6，8，9，12，18，24，36，72の12個なので，（ア）にあてはまる整数は**72**である。

また，$90=6\times15$より，91と100の間の整数で約数が12個の整数は，6に15より大きい数をかけた数であると

考えられる。$6\times16=96$，$6\times17=102$より，96の約数は1，2，3，4，6，8，12，16，24，32，48，96の

12個なので，（イ）にあてはまる整数は**96**である。したがって，72と96の最大公約数は$6\times4=$ ₍ᵤ₎**24**である。

(6) $1-\dfrac{1}{6}=\dfrac{5}{6}$より，3番目の人がとった残りは$5\div\dfrac{5}{6}+4=10$(個)，2番目の人がとった残りは

$10\div\dfrac{5}{6}+3=15$(個)，1番目の人がとった残りは$15\div\dfrac{5}{6}+2=20$(個)である。

よって，最初にあったおはじきは$20\div\dfrac{5}{6}+1=25$(**個**)である。

2 円周の長さを1とすると，点Aは1秒ごとに$\dfrac{1}{120}$ずつ進み，点Bは1秒ごとに$\dfrac{1}{200}$ずつ進む。

(1) $\dfrac{1}{120}+\dfrac{1}{200}=\dfrac{1}{75}$より，弧ＡＢの長さは1秒ごとに$\dfrac{1}{75}$ずつ長くなる。直線ＡＢが直径になるのは，弧ＡＢの長さが

$\dfrac{1}{2}$になるときなので，点Pを出発してから$\dfrac{1}{2}\div\dfrac{1}{75}=37.5$(**秒後**)である。

(2) 弧ＡＢの長さは1秒ごとに$\dfrac{1}{160}$ずつ長く（短く）なる。直線ＯＡと直線ＯＢが垂直になるときの弧ＡＢの長さは

$1\times\dfrac{90}{360}=\dfrac{1}{4}$なので，直線ＯＡと直線ＯＢが垂直になるのは，点Pを出発してから$\dfrac{1}{4}\div\dfrac{1}{160}=$ ₍ア₎**40(秒後)**である。

また，点Bは1秒ごとに$\dfrac{1}{120}-\dfrac{1}{160}=\dfrac{1}{480}$ずつ進むので，1周するのにかかる時間は，$1\div\dfrac{1}{480}=$ ₍ᵢ₎**480(秒)**である。

(3) 点Aは300秒間に$\dfrac{1}{120}\times300=2\dfrac{1}{2}$進むので，円を2周したあと$\dfrac{1}{2}$進んでいる。よって，点Bは300秒間に

$1\dfrac{1}{2}$か$\dfrac{1}{2}$進めばよい。点Bが300秒間で$1\dfrac{1}{2}$進むとき，1周するのにかかる時間は$300\div1\dfrac{1}{2}=$ ₍ᵤ₎**200(秒)**である。

また，点Bが300秒間で$\dfrac{1}{2}$進むとき，1周するのにかかる時間は$300\div\dfrac{1}{2}=$ ₍ₑ₎**600(秒)**である。

3 5だんの場合，右図①のように上下を逆転させた正三角形（色をつけ

た部分）ともとの正三角形を重ねて，重なる1円玉の数が最も多くな

る重なり方を考える。重なる1円玉の数が最も多くなるのは，図①

のほかに図②・③のように重ねたときであり，10まいの1円玉が重

なっている。重なっていない1円玉を動かせば正三角形の上下を逆転させることが

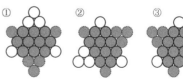

できるので，このときに動かす枚数は，₍ア₎**5(まい)**である。

解答例は図①のように重ねると考えたときの図であり，図②・③のように重ねる

と考えたときの解答は，右図⑦・⑦のようになる。

6だん，7だんの場合も，5だんの場合と同じよう考える。

6だんについて，右図④・⑤・⑥のように重ねると，重なる

1円玉の数は最も多く，14まいの1円玉が重なる。

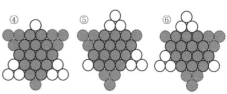

このときに動かす1円玉は，₍ᵢ₎**7(まい)**である。

解答例は図④のように重ねると考えたときの図であり，

図⑤・⑥のように重ねると考えたときの解答は，右図㋒・㋓のようになる。

㋒

㋓

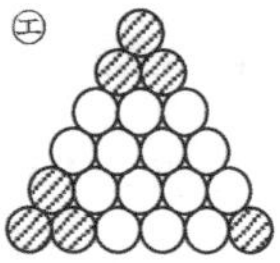

7だんについて，右図⑦のように重ねると，重なる1円玉の数は最も多く，19まいの1円玉が重なる。このときに動かす1円玉は，(ウ)<u>9(まい)</u>である。

⑦

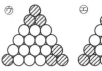

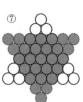

理　科

平成 **29** 年度 解答例・解説

── 《解答例》 ──

1　(1)ウ　　(2)ウ，オ　　(3)60　　(4)Aさん…50　Bさん…30　　(5)350

2　(1)中性　　(2)①ウ　②ウ　③ア　④ウ　　(3)①ウ　②イ

　　(4)[方法／結果][水よう液に石灰石を加える。／水よう液Aのみあわが出る。]

　　[水よう液に石灰水を加える。／水よう液Cのみ白くにごる。]などから1つ

3　(1)エ　　(2)イ　　(3)エ　　(4)ウ　　(5)①ア．アンタレス　イ．夏の大三角

　　②ベガ／デネブ／アルタイル　③右図

4　(1)曲げたとき…A　のばしたとき…B　　(2)エ．肺　オ．かん臓　カ．小腸　キ．心臓　ク．じん臓

　　(3)カ．栄養分を吸収する　キ．血液を全身に送り出す　ク．不要物をこしとる

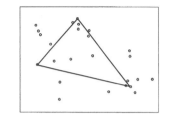

── 《解　説》 ──

1　(1)(3)　てこでは，おもりの重さ(g)と支点からおもりまでの距離(cm)の積(回転させるはたらき)が支点の左右で等し

　くなると，水平につり合う。ここでは，支点からおもりまでの距離をてこに書かれた1〜6の番号で表す。図1で，

　○2個と●3個の重さの比は，支点からの距離の逆比と等しいので，○2個：●3個＝4：3となり，

　○1個：●1個＝(4÷2)：(3÷3)＝2：1となる。また，図2より，支点の右につるしたおもりの重さの合計を

　□gとすると，80(g)×3＝□(g)×2が成り立つので，□＝120(g)となる。重さの比が○1個：●1個＝2：1

　なので，○1個：●2個＝2：(1＋1)＝1：1となり，○1個の重さは $120 \times \frac{1}{1+1} = 60$(g)，●2個の重さは

　120−60＝60(g)で，●1個の重さは 60÷2＝30(g)とわかる。ア〜エで，支点の左側の回転させるはたらきがすべ

　て 60×3＝180 であり，右側の回転させるはたらきを求めると，アでは90，イでは30，ウでは180，エでは60とな

　り，ウでつり合うことがわかる。

　(2)　(1)と同様に求める。ア〜カで，支点の左側の回転させるはたらきがすべて 80×3＝240 であり，右側の回転させ

　るはたらきを求めると，アでは90，イでは270，ウでは240，エでは360，オでは240，カでは300となり，ウとオ

　でつり合うことがわかる。

　(4)　図3より，AさんとBさんの体重の比は5：3である。また，20 kgのおもりを置いたときの関係から，Aさん

　の体重がBさんの体重と20 kgのおもりの重さの和と等しいので，2人の体重の比の差である5−3＝2が20 kgにあ

　たることがわかる。したがって，Aさんの体重は $20 \times \frac{5}{2} = 50$(kg)，Bさんの体重は 50−20＝30(kg)である。

　(5)　かごが空の状態のときと魚を入れたときで，分銅の位置が支点から右に 50−15＝35(cm)移動したことに着目する。

　かごに入れた魚の重さを□gとすると，□(g)×20(cm)＝200(g)×35(cm)が成り立つので，□＝350(g)となる。

2　(1)　赤色リトマス紙にアルカリ性の水よう液をつけると青くなり，青色リトマス紙に酸性の水よう液をつけると赤く

　なる。水よう液Bは，どちらのリトマス紙も変化させなかったので，中性である。なお，このことから，水よう液B

　は食塩水だとわかる。また，1つだけアルカリ性を示した水よう液Dは水酸化ナトリウム水よう液である。

　(2)　酸性の水よう液AとCのうち，実験2で，加熱中ににおいがした水よう液Aが塩酸，においがしなかった水よう

液Cが炭酸水だとわかる。塩酸は鉄にもアルミニウムにも反応するが，水酸化ナトリウム水よう液はアルミニウムだけに反応する。

(3) 塩酸と鉄が反応してできた塩化鉄は黄色，塩酸とアルミニウムが反応してできた塩化アルミニウムは白色である。

(4) 塩酸に石灰石を加えると，二酸化炭素が発生する。また，炭酸水にとけている気体は二酸化炭素なので，石灰水を加えると，白くにごる。

3 (1) 太陽は，東の地平線からのぼって，南の空で最も高くなり，西の地平線にしずむ。太陽が最も高くなるのは正午ごろで，このとき地面が太陽から受ける光のエネルギーが最も大きくなるが，地面の熱で空気があたためられるまでには少し時間がかかるので，最高気温を記録したときの太陽の位置は最も高いウから少し西に移動したエである。

(2) 秋分の日の日の出は午前6時ごろ，日の入りは午後6時ごろで，満月は日の入りの時刻と同じころに東の地平線からのぼってくる。満月はその約6時間後に真南に見えるので，イが正答となる。

(3) 夕方には太陽が西にある。このとき，月が真南にあると，太陽の光が右側からあたるので，右半分が光ったエのような半月が見える。なお，このように，南の空で右半分が光る半月を 上 弦の月という。

(4) 月の形は，満月→下弦の月(南の空で左半分が光って見える月)→新月(見えない)→上弦の月→満月…，という順で変化していく。満月から新月までが約15日，新月から上弦の月までが約7日なので，満月から約22日後に上弦の月が見える。

(5)②③ こと座のベガ，わし座のアルタイル，はくちょう座のデネブの3つの星を結んでできる三角形を夏の大三角という。③の解答らんの図で，はじめから直線でむすばれている2つの星は，上がベガ(織姫星)，下がアルタイル(彦星)である。したがって，デネブとベガ，デネブとアルタイルをそれぞれ直線でむすべば，夏の大三角ができる。

4 (1) ひざを曲げるときにはAがゆるみ，Bが縮む。また，ひざをのばすときにはAが縮み，Bがゆるむ。

(2)(3) エ．肺は，血液中から二酸化炭素を排出し，血液中に酸素を取りこむ臓器である。オ．かん臓は，有害な物質を無害な物質に変えたり，栄養分をたくわえたり，脂肪の消化を助けるたん 汁 をつくったりする臓器である。

カ．小腸は，デンプンやタンパク質を最終的に消化したり，消化された栄養分を血液中に取りこんだりする臓器である。キ．心臓は，筋肉ののび縮みによって，血液を全身に 循 環させる臓器である。ク．じん臓は，血液中の不要物をこしとって 尿 をつくる臓器である。

平成 ②⑧ 年度 解答例・解説

=== 《解答例》 ===

1 (1)コイルが熱くなるから。　(2)下図　(3)A．オ　B．ア　(4)ウ，エ

2 (1)イ，オ　(2)ボーリング　(3)ア，イ，エ　(4)親指の腹で押して水洗いをする。　(5)イ，ウ，オ
　(6)イ，エ

3 (1)イ　(2)ウ　(3)ア　(4)ア…スライドガラス　イ…カバーガラス　(5)下図　(6)蒸散

4 (1)気体の名前…ちっ素　記号…B　(2)気体検知管　(3)A．イ　B．エ　C．ア
　(4)①植物　②光／水のうち1つ　(5)気体…C　水よう液D…炭酸水　(6)うすい塩酸

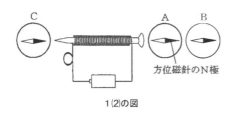

1(2)の図

3(5)の図

=== 《解　説》 ===

1 (2)　図2で，Aの方位磁針のS極が鉄くぎに引きつけられているので，鉄くぎの右側がN極，左側がS極になっていることがわかる。したがって，方位磁針BとCの針のようすは，方位磁針Aと同じになる。

(3)　A．表で，コイルの巻き数の条件だけが異なり，エナメル線の長さと電池の条件が全く同じである③と④を比べればよい。B．表で，電池の条件だけが異なり，コイルの巻き数とエナメル線の長さの条件が全く同じである①と②か④と⑤を比べればよい。ただし，ア～カの中には④と⑤の組み合わせはないので，①と②の組み合わせを選ぶ。なお，このように，条件を1つだけ変えて結果を比べる実験を対照実験という。

(4)　磁石につくのは鉄やニッケルなどの一部の金属だけである。

2 (2)　ボーリング調査でほり取ったものをボーリング試料という。

(3)　ウやオのように，角ばった岩石や石が見られるのが，火山のはたらきによってできた地層の特徴である。

(5)　アは約1万年前，エは約300年前に最新のふん火があったとされている。

(6)　ア．震源の浅い地震では，断層が地表に現れることがある。ウ．東日本大震災では，海岸から数kmの内陸部にも津波が到達している。また，川をさかのぼるとさらに遠くまで到達する。

3 (1)　ホウセンカのように子葉が2枚の植物は，くきの中を水が通る管(道管)と養分が通る管(師管)が束になったもの(維管束)が輪のようにならんでいる(右図)。したがって，点線部分で切断すると，赤く染まったところはくきの両はしに見られるので，イが正答となる。

(2)　茎の維管束はそのまま葉につながって，葉脈となる。道管はくきでは内側を通り，葉では表側を通るので，ウが正答となる。

(4)　スライドガラスに観察物をのせ，その上にカバーガラスをのせて，観察できる状態にしたものをプレパラートという。

(5)(6)　水が水蒸気となって出ていくあなを気孔という。気孔は三日月型の２つの細胞に囲まれた部分であり，葉の裏側に多くある。気孔から水が水蒸気となって出ていく現象を蒸散といい，根からの水の吸い上げを盛んにしたり，植物のからだの温度が上昇しすぎるのを防いだりする効果がある。

4　(1)　火のついたろうそくが激しく燃えたＡが酸素だとわかる。酸素にはものが燃えるのを助ける性質がある。また，ろうそくが燃えた後には二酸化炭素が発生するので，Ａでは石かい水が白くにごった。これに対し，Ｃではろうそくが燃えていないにもかかわらず，石かい水が白くにごったので，Ｃが二酸化炭素だとわかる。残ったＢが，空気中に最も多くふくまれるちっ素である。

(3)　酸素はろうそくが燃えるのに使われるので減り，ろうそくが燃えることで二酸化炭素は増える。ちっ素はろうそくが燃えるのに関係しないので，変化はない。ろうそくが消えたからといって，酸素が全て使われて無くなるわけではない。

(4)　①実験２で増えた気体とは二酸化炭素である。空気中の二酸化炭素を減らすのは植物である。植物は光が当たると水と二酸化炭素を材料にして，でんぷんと酸素をつくりだす。このはたらきを光合成という。なお，植物と動物のどちらも行う呼吸では，空気中の酸素が減り，二酸化炭素が増える。

(5)　実験３でペットボトルがへこむのは，ペットボトル内の気体が水にとけたためである。Ａ〜Ｃの気体の中で，水に最もとけやすいのは二酸化炭素である。

(6)　右表参照。①で赤色リトマス紙を変化させなかったことから酸性か中性の水よう液だとわかる。②で蒸発させると何も残ら

性質	食塩水	うすい塩酸	石かい水	炭酸水
性質	中性	酸性	アルカリ性	酸性
とけているもの （状態）	食塩 （固体）	塩化水素 （気体）	水酸化カルシウム （固体）	二酸化炭素 （気体）
におい	なし	あり	なし	なし

なかったことからとけているものが気体だとわかる。③で独特のにおいがしたことから，①〜③の全てを満たすものはうすい塩酸だとわかる。

平成㉗年度　解答例・解説

―《解答例》―

1　(1)ア．水平　イ．水面　ウ．スポイト　(2)エ．とう明　オ．水よう液　(3)①×　②○　③○　④×
(4)水をじょう発させる。

2　(1)ア．頭　イ．むね　ウ．はら　エ．6　オ．4　(2)ウ　(3)下図　(4)下図

3　(1)①右図　②あたためられると体積が大きくなる性質。　(2)カ
(3)お→え→う→あ→い　(4)オ　(5)イ，エ　(6)ア，カ

4　(1)Ｃ　(2)イ，ウ，オ　(3)イ　(4)しん食／運ぱん／たい積
(5)ア．れき　イ．どろ　ウ．化石　エ．れき岩　オ．でい岩　カ．火山灰

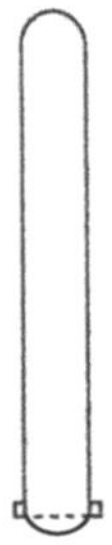

3(1)①の図

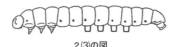

2(3)の図

2(4)の図

1 (3)図1より，水の量ととけた量には比例の関係があることがわかる。この関係と図2のそれぞれの温度における 50mL の水にとけた量の関係を利用する。①図2で，ホウ酸は 10℃の水 50mL に約2gまでとけるので，その2倍の 100mL の水には約 $2×2＝4$（g）までしかとけない。②図2で，食塩は 30℃の水 50mL に約 18g までとけるので，その4倍の 200mL の水には約 $18×4＝72$（g）までとける。③図2で，ミョウバンは 50℃の水 50mL に約 18g までとけるので，その半分の 25mL の水には約 $18÷2＝9$（g）までとける。④図2で，ホウ酸は 50℃の水 50mL に約8gまでとけるので，その半分の 25mL の水には約 $8÷2＝4$（g）までしかとけない。

2 (2)モンシロチョウはキャベツやアブラナなどのアブラナ科の植物の葉に卵をうみ，卵からかえった幼虫は卵のからを食べた後，卵がうみつけられた葉を食べる。一方，アゲハはミカンやサンショウなどのミカン科の植物の葉に卵をうみ，卵からかえった幼虫は卵のからを食べた後，卵がうみつけられた葉を食べる。

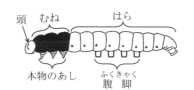

(3)(4)右図参照。

3 (1)空気はあたためられるとふくらみ，冷やされるとちぢむ。試験管を手で軽くにぎると，試験管の中の空気があたためられるので，中の空気の体積が大きくなり，せっけん水のまくが外側に向かってふくらむ。　(2)下図 I のようにあたためられた水が移動するので，カが正答となる。このときの熱の伝わり方を対流（たいりゅう）という。
(3)右図 II のようにあたためた部分（A）に近い順に熱が直接伝わっていく。このときの熱の伝わり方を伝導（でんどう）という。　(5)あたためられた空気や水などが上に移動しているものを選べばよい。
(6)あたためられたところから熱が直接伝わってくるものを選べばよい。なお，ウ，オは熱が空気を通りぬけて直接あたったものをあたためているので，放射による熱の伝わり方である。

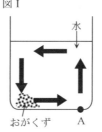

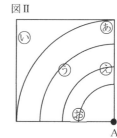

4 (1)川の曲がった部分では外側の流れが速く，川岸や川底が大きくけずられやすい。　(3)台風は中心に向かって反時計回りに風がふきこんでいるため，イのようなうず巻きの雲が見える。　(4)しん食によって大量の土しゃができ，その土しゃが一度に大量に運ぱんされ，たい積することで，下線部のようなことが起こる。　(5)れき（つぶの直径2mm以上），砂（つぶの直径 0.06mm〜2mm），どろ（つぶの直径 0.06mm以下）は，つぶの大きさで区別される。これらのつぶは，流れる水のはたらきによって運ばれる間に川底や他の石とぶつかって角がとれるため，丸みをおびている。火山灰のつぶにはこのようなことが起こらないため，角ばっているものが多い。

━━━━━━━━━━━━━━ 《解答例》 ━━━━━━━━━━━━━━

1　(1)呼吸　　(2)下図　　(3)ウ　　(4)①X．ア　Y．エ　　②イ，ウ，エ　　③イ　　④イ

2　(1)1.3　　(2)①，②，⑤　　(3)エ　　(4)カ

3　(1)A．エ　B．オ　C．サ　D．タ　E．セ　F．ス
　　G．ソ　　(2)ア，ウ　　(3)台風…イ，ウ，エ
　　地しん…ア，ウ，エ，オ

4　(1)ガスバーナー　　(2)ふっとう石　　(3)①，⑤
　　(4)ウ　　(5)A．ウ　B．オ　　(6)ア．×　イ．○　ウ．×

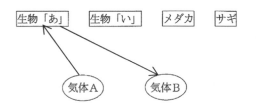

━━━━━━━━━━━━━━ 《解　説》 ━━━━━━━━━━━━━━

1　(1)気体Aは酸素，気体Bは二酸化炭素である。矢印aはサギが酸素を取り入れる方向，矢印bはサギが二酸
化炭素を放出する方向を示しているので，両方あわせて呼吸を表している。　(2)(3)食べ物の流れを示す矢印が，
生物「あ」⇒生物「い」⇒メダカ⇒サギであり，生物「あ」が二酸化炭素を取り入れて酸素を放出していること
から，生物「あ」は光合成によって自ら養分を作り出す植物であると考えられる。したがって，この図には，
植物である生物「あ」が呼吸を行うときに，酸素を取り入れて二酸化炭素を放出することを示す矢印が足りな
いことがわかる。(4)①メダカのオスとメスはひ
れの形が異なる(右図)。その他の差もふくめて
まとめると右下表のとおりである。②けんび鏡
は，直射日光のあたらない明るい場所に置く。
直射日光をけんび鏡で見てはいけな
い。③メダカのたまごの直径はおよ
そ1mmなので，通常のけんび鏡より
も倍率の低いかいぼうけんび鏡やル

	オス	メス
背びれ	切れこみがある	切れこみがない
しりびれ	平行四辺形に近い うしろがわにとげがある	うしろがせまくなっている
体の形	あまりまるみがない	まるみがある

ーペなどによっても観察することができる。④メダカのたまごの成長の過程で，見た目で形がわかるようにな
る順番は，からだの形→目→心臓や血管の順である(下図)。したがってウは誤りである。また，たまごからか
えってすぐの子どもは，腹に養分の入ったふくろをつけていて，えさが取れるようになるまでの期間，ふくろ
の養分で生きのびることができるためエは誤りである。

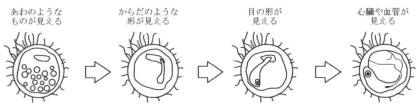

2 (1)10往復で12.63秒なので，1往復は$\dfrac{12.63}{10}=$

1.263→1.3秒である。　(2)実験結果の表で，「ふれ角」だけが異なり，それ以外の「ふりこの長さ」「おもりの重さ」が同じものを選べばよいので，①②⑤である。

(3)ふりこの長さは20cm，40cm，60cmの3種類である。1往復する時間の平均を求めると，20cmでは⑥⑧より$\dfrac{9.02+9.03}{2\times10}=0.9025→0.90$秒，40cmでは①②③⑤より$\dfrac{12.63+12.65+12.70+12.71}{4\times10}=1.26725→1.27$秒，

番号	ふれ角	ふりこの長さ	おもりの重さ	10往復する時間
①	10°	40cm	20g	12.63秒
②	20°	40cm	20g	12.65秒
③	20°	40cm	50g	12.70秒
④	20°	60cm	50g	15.51秒
⑤	30°	40cm	20g	12.71秒
⑥	30°	20cm	20g	9.02秒
⑦	30°	60cm	20g	15.54秒
⑧	40°	20cm	50g	9.03秒

60cmでは④⑦より$\dfrac{15.51+15.54}{2\times10}=1.5525→1.55$秒である。したがって，1目もりを0.5秒と考えれば，エのグラフにほぼ一致する。　(4)図2のふりこが1往復する場合，右半分は60cm，左半分は60−40＝20(cm)のふりこと考えればよい。したがって，60cmのふりこが$\dfrac{1}{2}$往復する時間と20cmのふりこが$\dfrac{1}{2}$往復する時間を合計すればよいので，$\dfrac{0.90}{2}+\dfrac{1.55}{2}=1.225$(秒)となり，最も近いカが正答である。

3 (2)ダムの水をいっぱいにしておくと，大雨の水がたまらずに流れ出てしまうのでイは誤りである。また，警報が出てから屋根に上って補強をしたり，川のようすを見に行ったりすることは，危険なのでしてはいけない。

(3)ア.台風とよう岩には直接の関係はない。イ.地震と風には直接の関係はない。ウ.けいしゃの急な地面は台風による強い風雨によってくずれる場合もあり，地震のゆれなどでくずれる場合もある。エ.高い波は台風の強風によって打ちよせる場合もあり，地震による津波としておしよせる場合もある。オ.台風と大地の地割れやずれには，直接の関係はない。

4 (1)実験器具の名前を覚え，使い方を理解しておこう。　(2)急なふっとうが起こると，熱湯がふきこぼれてやけどしたりするおそれがあるので，ふっとう石を入れて急なふっとうを防ぐ。　(3)液体である⑧の水を熱すると，やがて気体である水蒸気に変わる。①のあわは，ビーカーの水⑧が水蒸気にかわったものである。①の水蒸気が水面までとどくと空気中に出るが，水蒸気は目に見えないので，⑨のように何も見えない。やがて水蒸気が空気中で冷やされ，⑧のように細かい水のつぶの集まりとなって目に見える。水のつぶはやがて空気の中に広がっていき，蒸発して見えなくなる。　(4)⑨に金属のスプーンを近づけると，水蒸気が冷やされて水のつぶとなってスプーンにつく。アとイとエは，空気中の水蒸気が冷やされて細かい水のつぶになるようすが見られるが，ウでは水蒸気はつかない。　(5)さかんにわき立っているときは，ガスバーナーの熱は水を水蒸気にかえるために使われているので，水の温度は変化しない。水が水蒸気に変化して空気中に出ていくので，水の体積は少なくなっていく。　(6)アは二酸化炭素のあわ，イは水蒸気のあわ，ウは酸素のあわである。

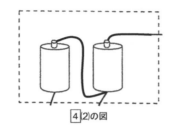

━━━━━━━━━━━━━━━━━━━ 《解答例》 ━━━━━━━━━━━━━━━━━━━

1　(1)A．ウ　B．イ　　(2)ア．ヨウ素液　イ．でんぷん　ウ．養分　　(3)①ア　②ア　③ウ

2　(1)イ　(2)エ　(3)①ウ　②ウ　(4)エ　(5)イ，ウ　(6)ウ，オ

3　(1)右図　(2)ウ　(3)下　(4)さそり座　(5)エ，キ，コ　(6)イ，エ

4　(1)①下図　②鉄／アルミニウム

地平線 ━━━━━━

　　③〔方法／結果〕〔磁石を近づける。／鉄は磁石につき，アルミニウムはつかない。〕

　　〔別解〕〔水酸化ナトリウム水よう液に入れる。／鉄はとけないが，アルミニウムはとける。〕

　　(2)下図　(3)ア，イ，ク

4(1)①の図　　　　4(2)の図

━━━━━━━━━━━━━━━━━━━ 《解　説》 ━━━━━━━━━━━━━━━━━━━

1　(1)(2)Aの部分は子葉であり，ここに発芽とその後の成長に必要な養分がたくわえられている。ヨウ素液はでんぷんに反応して青むらさき色に変化する。なお，インゲンマメの種子にははい乳がない。　(3)①「あ」と「い」のちがいは，だっし綿に水をふくませたかふくませなかったかであり，インゲンマメの種子の発芽には水が必要であるため，「い」だけが発芽する。②「い」と「う」のちがいは，種子が空気にふれているかふれていないかであり，インゲンマメの種子の発芽には空気(酸素)が必要であるため，「い」だけが発芽する。③実験3では，2つのインゲンマメの種子の条件が2つちがう(適当な温度かそうでないかと，光が当たったかそうでないか)ので，冷ぞう庫に入れなかった方だけが発芽しても，発芽に必要な条件が適当な温度なのか光が当たることなのか(あるいはその両方なのか)は分からない。なお，実際に必要な条件は適当な温度であり，冷ぞう庫に入れなかった方には光を通さない箱をかぶせるなどして，光が当たらないようにして同様の実験を行えば確かめられる。

2　(2)うすい塩酸は気体の塩化水素が水にとけたものであり，水を蒸発させても何も残らない。　(3)うすい塩酸にとけたときに出るあわは水素である。　(4)ア，イ．とけた液から出た固体は，うすい塩酸にあわを出さずにとける。ウ，エ．アルミニウムがとけた液から出てきた固体は白色，鉄がとけた液から出てきた固体は黄色である。

3 (1)右図Ⅰ参照。日の出のときに南に見える月は下弦の月(南の空で左半分が光って見える月)である。下弦の月は右図Ⅱのように,真夜中ごろに東の地平線からのぼり,正午ごろに西の地平線にしずむ。　(2)下弦の月から新月までが約1週間,新月から満月までが約2週間であるので,下弦の月から満月までは約3週間である。(4)さそり座の1等星のアンタレスである。　(5)(6)こと座のベガ,はくちょう座のデネブ,わし座のアルタイルをつなげたものを夏の大三角という。デネブは天の川の中に,ベガとアルタイルは天の川の両岸に位置する。また,動いているのは地球であり,これらの星は動かないため,見える位置は変わっていくが,ならび方は変わらない。

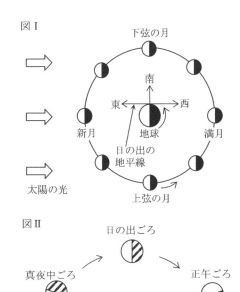

図Ⅰ

図Ⅱ

4 (1)①ソケットがないときの導線は,一方を豆電球の底に,もう一方を豆電球の側面につなぐ。②金属には電気を通しやすい性質がある。　(2)解答例の図のように導線をつなぐと,Aにつないだときにはかん電池1個がつながれて,Bにつないだときにはかん電池2個が直列につながれるので,Bにつないだときの方が大きな電流が流れ,電磁石のはたらきが強くなる。　(3)モーターは,電磁石のはたらきを利用して,電気のエネルギーを回転する動きにかえる装置である。したがって,モーターが使われているア,イ,クを選べばよい。

平成 24 年度 解答例・解説

―――――《解答例》―――――

1 (1)北…エ　西…ウ　(2)イ　(3)かげの長さ…午後2時　太陽の高さ…正午ごろ　(4)晴れ　(5)百葉箱
(6)ア,ウ,エ　(7)④

2 (1)消化液　(2)ウ　(3)ア　(4)ア　(5)①脈はく　②じん臓　③ぼうこう

3 (1)B→A→C　(2)ガラスのふたを使う。　(3)a.ウ　b.ア　c.ウ　d.ア　(4)石灰水
(5)薬品ア…過酸化水素水〔別解〕オキシドール　薬品イ…二酸化マンガン　器具…ろうと〔別解〕三角ろうと

4 (1)①支点　②ア　③ア　(2)①45　②50　(3)右図

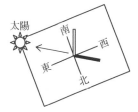

―――――《解　説》―――――

1 (1)午前10時ごろの太陽は南東にある。このとき,割りばしのかげは北西に向かってのびるので,アが東,イが南,ウが西,エが北だとわかる(右図参照)。　(2)正午ごろの太陽は南にある。　(3)太陽が高い位置にあるときの方が影の長さは短くなる。太陽の高さは正午ごろに最も高くなる。　(4)雲の量が0～8のときを晴れ(0～1のときを特に快晴),9～10のときをくもりとする。　(6)イ.地面に近いところではかると,地面からの熱の反射によって正確な気温がはかれないことがある。　(7)3月22日は1日中よく晴

れていた。１日中よく晴れていたときの気温の変化は⑤のように，日の出後から気温が上がり始め，正午すぎに最高になり，その後低くなっていく。したがって，３月21日のグラフはその１日前の④の部分だとわかる。

2 (2)でんぷんがあるかどうかを調べるにはヨウ素液を用いる。うすい茶色のヨウ素液はでんぷんに反応して青むらさき色に変化する。　(3)ヨウ素液の反応がなかったことから，試験管Aの中からでんぷんがなくなったことがわかる。したがって，だ液にはでんぷんを別のものに変えるはたらきがあることがわかる。　(4)食べ物は口，食道，胃，小腸，大腸，こう門の順に通る。この食べ物の通り道となるひと続きの管を消化管という。食べ物はヒトのからだを正面から見て，胃の中を右上から左下に向かって通り，大腸の中を左下から時計回りに通っていく。

3 (1)酸素にはものが燃えるのを助けるはたらきがあり，ものが燃えるには酸素が必要である。したがって，酸素が多いものほど激しく燃える。　(3)ものが燃えると酸素が使われて，二酸化炭素ができる。したがって，どちらのびんでも酸素の量は少なくなって，二酸化炭素の量は多くなる。

4 (1)②鉄でできたおもりは電磁石のはたらきによって引きつけられるので，おもりAが下になるように棒がかたむく。③電池の向きを逆にすると電磁石にできる極の向きも逆になるが，鉄は電磁石の極の向きに関係なく電磁石に引きつけられるので，おもりAが下になるように棒がかたむく。　(2)①支点の左右で，おもりの重さと支点からの長さの積が等しくなるとき，棒は水平になる。したがって，アルミニウムのカップとガラスのカップの重さの比が 30(g)：20(g)＝3：2 であることから，支点からの長さの比をその逆の2：3にすればよい。アルミニウムのカップとガラスのカップの間の長さは 110－5－5＝100(cm)であるため，アルミニウムのカップから $100×\frac{2}{2+3}$＝40(cm)，棒の左はしからは 40＋5＝45(cm)の穴に糸をつければよい(右図参照)。②重さの比がアルミニウムのカップ：ガラスのカップ＝(30＋25)：(20＋25)＝11：9になるので，アルミニウムのカップから $100×\frac{9}{9+11}$＝45(cm)，棒の左はしからは 45＋5＝50(cm)の穴に糸をつければよい。　(3)せんぬきのように支点，力点，作用点のうち，作用点が真ん中にある道具は，小さな力で大きな力をうみ出すことができる。

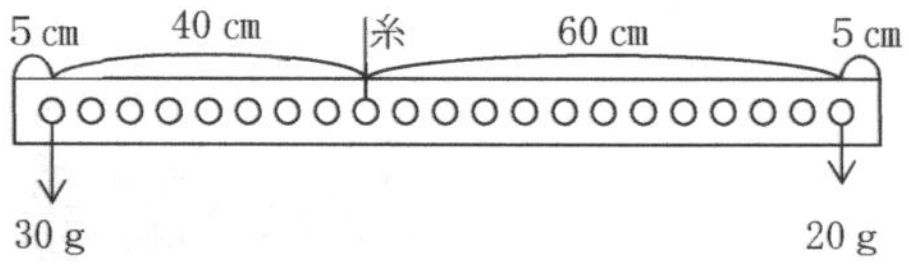

右図（棒の図）:
5 cm　40 cm　糸　60 cm　5 cm
30 g　　　　　　　　　　20 g

平成 ㉓ 年度　解答例・解説

――――《解答例》――――

1 (1)ア，ウ　(2)気体が水にとけているから。　(3)イ，ウ，エ　(4)磁石を近づけると，鉄だけがくっつく。
(5)ア，エ

2 (1)1.1　(2)ふりこの長さが長くなるから。　(3)エ　(4)イ，カ，ク

3 (1)ア．多い　イ．ちっ素　ウ．少ない　(2)熱が発生して熱くなるのでさわらないこと。　(3)ウ　(4)イ
(5)ア．二酸化炭素　イ．酸素

4 (1)ア．A　イ．C　ウ．A　(2)①ア　②ウ　(3)①化石　②エ　③でい岩　④断層

1　(1)(2)炭酸水は気体の二酸化炭素，うすい塩酸は気体の塩化水素を水にとかしたものである。　(3)アルミニウムはうすい塩酸にもうすい水酸化ナトリウム水よう液にもとけるが，鉄はうすい塩酸にはとけ，うすい水酸化ナトリウム水よう液にはとけない。なお，これらの実験で金属がとけると，水素が発生する。　(4)磁石につくのは鉄などの一部の金属である。　(5)青色のリトマス紙を赤くするのは，酸性の水よう液である。イの食塩水は中性，ウの石かい水とオのうすい水酸化ナトリウム水よう液はアルカリ性である。

2　(1)ふりこが1往復すると音は2回鳴る。1回目の音を聞いてから11回目の音を聞くまでにふりこは5往復するので，$5.5 \div 5 = 1.1$(秒)が正答となる。　(3)ふりこが1往復する時間はふりこの長さが短いほど短く，ふりこの長さが長いほど長い。ふりこがふれる角度を変えてもふりこが1往復する時間は変化しないので，音が鳴る間かくはすべて同じになる。　(4)ふりこの重さを変えてもふりこが1往復する時間は変化しない。ア～クの音が鳴る間かくは次の通りである。ア.短くなる。イ.長くなる。ウ.変わらない。エ.変わらない。オ.短くなる。カ.長くなる。キ.短くなる。ク.長くなる。

3　(3)(4)アが日光に当てる前の酸素用検知管，イが日光に当てた後の酸素用検知管，ウが日光に当てる前の二酸化炭素用検知管，エが日光に当てた後の二酸化炭素用検知管である。植物は，日光に当たると二酸化炭素と水を材料にして，酸素とでんぷんをつくる。このはたらきを光合成という。　(5)植物も一日中呼吸を行っている(酸素をとり入れ，二酸化炭素を放出している)が，日光に当たっているときは光合成の方を盛んに行うため，全体としては二酸化炭素をとり入れ，酸素を放出していることになる。

4　(1)川の流れはふつう，上流の方が速く，下流の方が遅い。　(2)川の曲がっている地点では，外側に近いほど流れが速いため，川底や川岸が大きくけずられて，アのようになる。なお，まっすぐな地点では，真ん中に近いところほど流れが速い。　(3)②つぶに角があることから，この層は火山の噴出物（ふんしゅつぶつ）がたい積することによってできたと考えられる。③ねんど(直径0.06㎜以下)，砂(直径0.06㎜～2㎜)，れき(直径2㎜以上)は粒の大きさによって区別される。これらのつぶは，流れる水のはたらきによって川底や他の石とぶつかることで角が取れ，丸みをおびている。ねんどの層ではでい岩，砂の層では砂岩，れきの層ではれき岩ができる。

社　会

═══════════ 《解答例》 ═══════════

1　(1)う　(2)か　(3)お　(4)あ　(5)い　(6)え　(7)あ　(8)く　(9)え

2　(1)い　(2)う　(3)書院造　(4)お　(5)え　(6)う　(7)あ　(8)え　(9)う　(10)い　(11)お　(12)う

3　(1)う　(2)い　(3)え　(4)あ　(5)え　(6)あ　(7)え　(8)い

═══════════ 《解　説》 ═══════════

1　(1)　Aについて，東シナ海は日本・中国・朝鮮半島(韓国・北朝鮮)に囲まれた海域であり，北海道は面していない。Cについて，日本の総面積に占める山地の割合は 61.0％であり，平野の面積よりもはるかに高い。

(2)　Aについて，消費者の求めにより，化学肥料や農薬の消費量は減少傾向にある。

(3)　Aについて，従業者１人あたりの生産額は大企業の方が中小企業よりも大きい。Bについて，日本海側には北陸工業地域(新潟・富山・石川・福井)がある。Cについて，少子高齢化にともなって日本の労働人口は減少しているので，外国人労働者の受け入れが進み，外国人労働者の数は増加している。

(5)　Bについて，インターネットは即時性があり，世界で起こったできごとを知るには新聞よりインターネットの方が優れている。Cについて，日本では政府がインターネット上の情報を制御していない。

(6)　Aについて，国務大臣の任命は内閣総理大臣の仕事である。Bについて，裁判官を辞めさせるかどうかを決める弾劾裁判は，国会が行う。

(8)　Cについて，ラムサール条約は，「特に水鳥の生息地として国際的に重要な湿地に関する条約」ともいう。

(9)　Aについて，2011 年以降，日本の人口は毎年減少し続けている。Bについて，医療技術の発達により，長生きする人が増加し，介護が必要な高齢者の数は増加している。

2　(1)　「い」について，鉄が日本に伝わったのは弥生時代以降であり，三内丸山遺跡は縄文時代の遺跡である。

(2)　「う」のかな文字がつくられたのは平安時代(９世紀以降)である。

(4)　Aは 1232 年，Bは 1221 年，Cは 1185 年，Dは 1203 年(初代執権北条時政の就任)のできごとである。Aについて，御成敗式目は，武家社会における慣習や裁判の先例などに基づいて，御家人に対して裁判の基準を示すために，３代執権北条泰時によって 1232 年に定められた法である。朝廷の出した命令や律令とは別個のものとして定められ，長らく武家社会の法の手本とされた。Bについて，1221 年，源氏の将軍が３代で途絶えたのを契機に，後鳥羽上皇は鎌倉幕府打倒をかかげて挙兵した。鎌倉幕府方は，北条政子の呼びかけのもと，これを打ち破った(承久の乱)。この後，幕府は西国の武士の統率と朝廷の監視を目的に，京都に六波羅探題を置き，幕府の支配は九州〜関東に及んだ。Cについて，壇ノ浦の戦いは 1185 年に現在の山口県で起こった源平合戦の最後の戦いで，この戦いにより平氏は滅んだ。

(5)　「え」の石見銀山の開発は毛利氏が進め，のちに江戸幕府が開発した。

(6)　「う」について，中国との貿易は長崎で行われた。

(7)　「あ」について，城下町では身分に応じて住むところが決められていた。

(8) 「え」について，検地は毎年行われたものではない。

(9) 「う」について，1837年，元大阪町奉行所の与力大塩平八郎は，天保の飢饉(1830年代)に苦しむ人々に対する奉行所の対応を批判し，彼らを救うために挙兵して乱を起こした。開国後の貿易が始まったのは1859年のことである。

(10) 「い」について，1869年，中央集権の国家を目指して版籍奉還が行われ，藩主(大名)から天皇に領地や人民が返還された。しかし，版籍奉還の後も彼らがそのまま藩内の政治を担当したため，目立った効果が上がらなかった。これを改善しようと，1871年に明治政府は廃藩置県を実施した。これによって，政府から派遣された役人(県令や府知事)がそれぞれの県を治めることとなり，江戸幕府の支配のしくみが完全に解体された。

(11) Aは1910年，Bは1914年，Cは1931年，Dは1895年のできごとである。Cについて，柳条湖事件を契機として始まった一連の軍事行動を満州事変という。関東軍は満州に兵を進め，翌年満州国を建国した。犬養毅首相は満州国を承認せず，議会政治を守ろうとしたため，1932年5月15日，海軍の青年将校らによって暗殺された(五・一五事件)。Dについて，日本は日清戦争の講和条約である下関条約で，台湾・遼東半島・澎湖諸島を獲得した(遼東半島はのちにロシア主導の三国干渉を受け，清に返還した)。

(12) 1940年，日本・ドイツ・イタリアの3か国の間で日独伊三国同盟が結ばれた。この同盟によって，3か国は連携を強化できたが，一方でアメリカの強い反発を招くこととなった。

3 (1) 「あ」の青森県には東北新幹線・北海道新幹線，「い」の群馬県には北陸新幹線，「え」の鹿児島県には九州新幹線が通っている。福井県への北陸新幹線の延長は，2022年の予定である。

(2) 「い」は高潮ではなく津波ならば正しい。高潮とは，台風の接近などにより，海水面が異常に高くなることをいう。

(3) 都道府県知事の被選挙権は，「満30歳以上」の「日本国民」に与えられる。よって，「え」が正答となる。なお，都道府県知事の選挙権は，その地方に3か月以上住む満18歳以上の男女に限られる。

(5) 時差は経度差によって生じる。ブラジルは日本と正反対の地点に位置しているので，時差は12時間ある。

(6) 現役の大統領が原爆の投下地である広島を訪れたのは，過去初めてのことだった。

(7) 「え」について，日本とアメリカの貿易は，日本の輸出超過の状態が長らく続いている。

(8) ＴＰＰ(環太平洋パートナーシップ協定)は，太平洋地域における高い水準の貿易自由化を目標とする協定である。関税の撤廃のみならず，知的財産権など関税が影響しない分野を含めたルールの統一が図られている。なお，アメリカのトランプ大統領が就任したことで，2017年2月にアメリカがＴＰＰの離脱表明をしたため，発効時期は未定になっている。

――――――――《解答例》――――――――

1　問1．いわみ　　問2．(1)う　(2)え　(3)い　(4)①あ　②う　(5)パラリンピック　(6)い　(7)い

2　問1．(1)う　(2)い　　問2．(1)お　(2)う　　問3．(1)い　(2)え

3　(1)え　　(2)え　　(3)あ　　(4)う

4　(1)え　　(2)あ　　(3)い　　(4)い　　(5)う　　(6)え　　(7)う　　(8)う　　(9)あ　　(10)う

――――――――《解　説》――――――――

1　問1．漢字で「石見」と書く。石見銀山から採れた銀は、西まわりで長崎に運ばれると、南蛮貿易によってヨーロッパに輸出された。

問2．(1)う．小笠原諸島は東京都に属する。独自に進化したさまざまな動植物が見られることから、小笠原諸島は「東洋のガラパゴス」と呼ばれている。

(2)え…平氏は、1185年の壇ノ浦の戦いに敗れて滅亡した。朝廷が、源頼朝を征夷大将軍に任命したのは1192年のことなので、このことは平氏が滅亡した理由とは関連しない。

(3)い…奈良時代のようすについて述べた文である。聖武天皇が国を治めていた頃、伝染病の流行や貴族の反乱などのため、社会の情勢は不安定だった。そのため、聖武天皇は仏教の力で国を守ろうとし、国ごとに国分寺を、都に東大寺を建てた。

(4)①あ…親藩は徳川家一門、譜代大名は関ヶ原の戦い以前から徳川氏に従っていた大名、外様大名は関ヶ原の戦い前後に徳川氏に従った大名のこと。江戸幕府は、反乱を起こされにくくするため、外様大名を江戸から遠い場所に配置し、その近くに有力な譜代大名を配置して監視にあたらせた。

(5)現在、オリンピックの開催終了後に、パラリンピックが開催されるきまりとなっている。

(6)問題文にある「この期間」とは、満州事変が起こった1931年から、太平洋戦争に敗戦する1945年までの15年間を指している。「い」は日露戦争(1904〜1905年)について述べた文なので、この期間の日本の社会のようすとして適さない。

(7)い…1956年のできごとである。1956年、日ソ共同宣言を発表してソ連と国交を回復したことで、日本の国際連合加盟にソ連の反対がなくなり、日本は国際連合への加盟を果たすことができた。

2　問1．(1)X．台風は日本の南の海洋上で発生し、強風や豪雨をともなって沖縄など西南日本に風水害による被害をもたらす。したがって、1年間に平均して通る台風の数は、金沢市より那覇市の方が多いから誤文である。Y．北西から吹く季節風が日本海をわたるときに、暖流の対馬海流上空で蒸発した水分を大量に含むため、日本海側では大雪が降る。したがって、1月の平均降水量は、那覇市より金沢市の方が多いから正文である。　よって、「う」が正答。

(2)X．千葉県・茨城県・神奈川県などでは、大消費地に向けて農作物を出荷する近郊農業がさかんに行われている。したがって、香川県と千葉県の野菜の生産額を比べると、千葉県の方が多いから正文である。　Y．長野県

は，りんご・ぶどう・ももなどのくだものの栽培を盆地(長野盆地・松本盆地など)で行っている。したがって，大阪府と長野県のくだものの生産額を比べると，長野県の方が多いから誤文である。　よって，「い」が正答。

問2．(1)一般に，「市」に比べて「町」の方が少子高齢化は進んでいる傾向にあるから，Xは周防大島町である。千葉県浦安市は，東京都のベッドタウンとなっており，臨海部に立ち並ぶ高層マンションに若い世代が多く入居しているから，全国的にみて，少子高齢化の進行が遅い地域である。よって，Yは浦安市である。静岡市は，2003年に旧清水市と合併し，2005年に政令指定都市に移行した。しかし，製造業の衰退や津波警戒などから市外への人口流出が止まらず，市の人口は政令指定都市の目安とされる70万人ぎりぎりとなっている。よって，浦安市より少子高齢化が進んでいるZが静岡市となるので，「お」が正答。

(2)あ…平成22年4月では，浦安市は65歳以上の割合がもっとも低い。　い・え…表のデータに「総人口」が示されていないので，文の内容を読み取ることができない。

問3．(1)い…三陸海岸は，複雑な海岸線のリアス海岸である。

(2)え…日米修好通商条約で開かれた港は，神奈川(横浜)・兵庫(神戸)・長崎・新潟・函館の5つである。

3 (1)え…テレビ局は世論を形成するうえで重要な役割を果たすマスメディアなので，人々の多様な意見が封じこめられないように，テレビ局が流す情報が制限されることは極力あってはならない。

(2)え…右表参照。

(3)あ…市の予算は，市長が調製し，市議会が議決して成立する。

	選挙権	満18歳以上
	衆議院議員・都道府県の議会議員・ 市(区)町村長・市(区)町村の議会議員の被選挙権	満25歳以上
	参議院議員・都道府県知事の被選挙権	満30歳以上

※2016年の夏に実施される参議院議員通常選挙以降

(4)う…大工場で働く人たちは全体の3割ほどで，残りの人たちは中小工場で働いている。

4 (1)え…X．誤り。同じ大きさの地図ならば，5万分の1の地図の方が広範な地域を示すことができ，2万5千分の1の地図の方が土地のようすをより細かく表すことができる。　Y．誤り。🏛は博物館を示す地図記号であり，図書館の地図記号は📖である。

(2)あ…ともに正しい。救急車は，消防署を出発し，病院に救急患者を運びこむ。

(3)い…X．正しい。たとえば，北海道では寒さに強い「きらら397」が栽培されている。　Y．誤り。後継者不足や農業従事者の高齢化などのため，耕作放棄地が増加しており，水田の総面積は減少している。

(4)い…X．正しい。　Y．誤り。外国産の木材の方が安いうえ，せっかく伐採しても利益が出ないことがあるので，国産の木材の生産量は外国産の木材の輸入量より少ない。

(5)う…X．誤り。農業と同じように漁業についても後継者不足・高齢化が深刻な問題となっており，漁業で働く人は40年前に比べて減少した。　Y．正しい。えびの大規模な養殖場がタイやインドネシアにつくられるなど，熱帯・亜熱帯地域で日本向けのえびの養殖がさかんに行われている。

(6)え…X．誤り。石油はほとんどすべてを外国からの輸入にたよっている。　Y．誤り。工業の種類を分けたとき，すべての工業の中で機械工業(特に自動車をはじめとする輸送用機械器具の生産)の生産額が最も多い。

(7)う…X．誤り。農産物は一日や二日でつくれるものではないことから考える。なお，促成栽培や抑制栽培を行って，ほかの地域と出荷時期をずらす工夫は行われている。　Y．正しい。

(8)う…X．誤り。2012年時点において，スマートフォンをふくむ携帯電話の普及率(94.5%)の方がパソコン(75.8%)よりも高い。　Y．正しい。

(9)あ…ともに正しい。ハザードマップを活用し，避難経路や避難場所を把握しておくことが大切である。

(10)う…X．誤り。広島ではなく京都である。　Y．正しい。三重県で伊勢志摩サミットが開かれる。

平成㉗年度 解答例・解説

─── 《解答例》 ───

1 (1)え (2)あ (3)え (4)い (5)い (6)え (7)え (8)あ (9)あ (10)①う ②い

(11)領事裁判権 〔別解〕治外法権 (12)う (13)き (14)あ (15)う

2 (1)あ (2)え (3)え (4)い (5)い (6)お (7)う

3 (1)う (2)え

4 (1)あ (2)い (3)い (4)う

─── 《解 説》 ───

1 (1)中大兄皇子・中臣鎌足らが中心となって進めた改革を大化の改新という。 え．聖徳太子が蘇我氏とともに政治を進める中で行われたことがらである。聖徳太子は，法隆寺・四天王寺などを建てて仏教を広めた。

(2)藤原道長が政治の中心にいた時代は平安時代である。 あ．遣隋使は，飛鳥時代に送られた。

(3)え．藤原氏と似た手段を用いて政治の実権をにぎった平清盛に対し，源頼朝は鎌倉幕府を開いて武家政権を立て，自ら征夷大将軍として政治を進めた。

(4)い．備中ぐわや千歯こきが改良され，利用されたのは江戸時代のことである。

(5)い．豊臣秀吉が行った刀狩について述べた文である。刀狩によって，武士と農民の身分差がはっきりと区別されるようになり，兵農分離が進んだ。

(6)17世紀初頭，琉球王国は薩摩藩に攻められ，以後，薩摩藩と中国の双方に服属した。日本は，琉球王国が中国と貿易することを禁止しなかったので，「え」は誤り。

(7)え．五街道(東海道・中山道・甲州道中・日光道中・奥州道中)は，いずれも江戸と結ばれていた。大阪と結ばれていた五街道は一つもない。

(8)あ．国学ではなく朱子学ならば正しい。国学は，仏教や儒学が伝わる以前の日本人の考え方を探る学問で，本居宣長が大成した。

(9)あ．江戸時代の年貢は収穫高に応じて納める税だったため，幕府の収入は豊作や凶作などに左右されて安定せず，予算を立てにくかった。そのため，1873年に行われた地租改正では，土地の価格の3％(1877年に2.5％に変更)を現金で納めることとし，国の収入を安定させ，予算を立てやすくした。

(10)板垣退助は征韓論(武力によって朝鮮を開国させようとする強硬論)に敗れて政府を去った後，長州藩や薩摩藩など，倒幕に大きく関わった特定の藩の出身者が多く政府の要職についている藩閥政治を批判し，国民が政治に参加できるようにすべきだと主張した。その後，1874年に国会の開設を求める意見書(民撰議院設立の建白書)を国会に提出して，「国会を開設することを求める運動(＝自由民権運動)」を始めた。

(11)この事件をノルマントン号事件という。1858年にイギリスと結んだ通商条約の中で，日本国内でイギリス人が起こした事件はイギリスの領事が裁くという領事裁判権(治外法権)を日本は認めていた。そのため，イギリス人船長を日本の法律で裁くことができず，不平等条約の改正を求める声が高まった。

(12)う．太平洋戦争終結後，ＧＨＱ(連合国軍最高司令官総司令部)の指示によって行われた農地改革について述べた文である。したがって，昭和時代の社会の様子について述べた文なので，「う」は誤り。

⒀A．1932年　B．1937年(盧溝橋事件)　C．1933年　D．1931年　よって，「き」が正答。

1931年，柳条湖事件(関東軍が南満州鉄道を爆破した事件)を契機として始まった一連の軍事行動を満州事変という。関東軍は満州に兵を進め，翌年満州国を建国した。しかし，リットン調査団の報告を受けた国際連盟は，満州国を認めないとする決議を行ったので，日本は国際連盟を脱退した。その後，日本では軍部の発言力が強まり，1937年には盧溝橋事件をきっかけとして日中戦争が始まった。

⒁日本で初めてオリンピックが開かれたのは1964年のことである。「あ」は1956年のできごと，「い」～「え」はいずれも1960年代にかかるできごとである。

⒂う．内閣で国の予算案がつくられ，国会で審議され決定される。

2 ⑴あ．冬の季節風は，「北東」からではなく「北西」から吹く。

⑵「あ」の九州地方には桜島など，「い」の北海道地方には有珠山(うすざん)など，「う」の中部地方には御嶽山(おんたけさん)などがある。「え」の四国地方に活火山は存在しない。

⑶あ．十勝平野は全国有数の畑作地帯であり，大豆・じゃがいも・小麦・てんさいなどがつくられている。い．庄内平野は全国有数の稲作地帯であり，米の生産がさかんである。　う・え．高知平野では温暖な気候をいかして農作物の生長をはやめる促成栽培により，なすやピーマンなどがつくられている。

⑷あ．田おこしや田植えは春に行われる。　う．米の一年間の生産量は，日本有数の米どころである東北地方の方が九州地方より多い。　え．米の年間消費量は減る傾向にある。

⑸い．日本は，石油のほとんどをサウジアラビア・アラブ首長国連邦・カタールなど，中東の国々から輸入している。

⑹1960年代に，主要なエネルギー源が石炭から石油に変わるエネルギー革命が起こったため，北九州工業地帯での鉄鋼生産量が減少し，現在では3つの工業地帯・工業地域の中で最も製造品出荷額が少ないから，北九州工業地帯は③である。　京葉工業地域には石油化学コンビナートや製油工場などが集まっているため，化学工業の割合が高いから，京葉工業地域は②である。　したがって，3つの工業地帯・工業地域の中で最も製造品出荷額が多い①は瀬戸内工業地域だとわかるから，「お」が正答。

⑺①2000年代　②昭和時代　③大正時代　④2010年代　したがって，「う」が正答。

3 ⑴う．城あと(⌂)から見て，消防署(Y)は西の方にある。方位記号(卍)がないときは，通常，地図は上が北を指すので覚えておこう。　小学校(文)・市役所(◎)・老人ホーム(⍰)・警察署(⊗)

⑵X…山頂Aを囲う等高線は5本，山頂Bを囲う等高線は6本だから，山頂Bの方が標高が高い。
Y…等高線の間隔が広いほど傾斜は緩やかであり，狭いほど傾斜は緩やかである。よって，神社(卍)から山頂Bにつづく階段の方が，病院(⊞)から山頂Bにつづく階段より角度が急である。　したがって，「え」が正答。

4 ⑵い．Y…2013年の交通事故死亡者数にしめる，65歳以上の高齢者の割合は，全体の50%以上を占めており，その数は中学生・高校生よりも圧倒的に多い。

⑶い．Y…砂防ダムは川の上流に設置されるものなので，河川の大小は関係しない。

⑷う．X…「リデュース」ではなく「リユース」ならば正しい。リデュースは，ゴミの発生を抑制すること。リサイクルは資源として再び利用すること。リユース・リデュース・リサイクルを合わせて3Rという。
Y．正しい。家電製品の再生利用(リサイクル)を義務づけた法律を，一般に家電リサイクル法という。

平成 **26** 年度 解答例・解説

━━━━━━━━━━━━━━━━━ 《解答例》 ━━━━━━━━━━━━━━━━━

1　(1)う　(2)い　(3)う　(4)か　(5)あ　(6)い　(7)う　(8)い　(9)あ　(10)あ

2　(1)①ライフライン　②トイレ　(2)う，お　(3)①え　②え　(4)い　(5)う　(6)①え　②あ

3　(1)①あ　②か　③え　④あ，え　(2)①う　②A．ながさき　B．みえ　C．いわて　(3)①う　②い　③あ

━━━━━━━━━━━━━━━━━ 《解　説》 ━━━━━━━━━━━━━━━━━

1　(1)A－い．聖武天皇は，仏教の力で国を守るため，国分寺や東大寺を建て，東大寺には大仏をつくった。

B－え．大日本帝国憲法では，天皇が国の元首として日本を統治すると定められた。

C－あ．聖徳太子は，十七条憲法を制定し，天皇の命令に従うなど，役人の心構えを示した。

うは，豊臣秀吉に関連する文である。豊臣秀吉は，太閤検地や刀狩を行い，兵農分離を進めた。

(2)A．1940年代前半　B．1956年　C．1874〜1880年代(自由民権運動)

あ．1882年　い．1923年　う．1956年　え．1941年

(3)あ．正しい。Aのころは弥生時代である。　い．正しい。Bのころは奈良時代である。　う．誤り。Cのころは鎌倉時代であり，うの文は安土桃山時代のできごとである。　え．正しい。Dのころは江戸時代である。

(4)A．ポーツマス条約(1905年)の内容　B．下関条約(1895年)の内容　C．日米修好通商条約(1858年)の内容。したがって，C→B→Aの順となるから，かが正答。

(5)あ．『学問のすゝめ』をあらわしたのは，津田梅子ではなく福沢諭吉である。

(6)い．今年(2014年)の4月から，消費税は<u>8%</u>に引き上げられた。

(7)う．衆議院議員に立候補できる年齢は25歳，参議院議員に立候補できる年齢は30歳である。

(8)い．都道府県の選挙区から選ばれる国会議員の数は，公職選挙法によって決められている。公職選挙法は法律であり，法律を制定できるのは国会だけなので，都道府県の議会では，都道府県の選挙区から選ばれる国家議員の数を決めることはできない。

(9)あ．地産地消(地元で生産したものを地元で消費すること)の目的は，「地域活性化」「新鮮で安全なものの提供・購入」などである。したがって，地産地消をすすめることは，買い物に不自由している高齢者が増えていることに対応するための取り組みとは関連しない。

(10)あ．消火活動などに必要な最低限の設備は，法令によって設置が義務づけられている。

2　(1)①ライフライン(life line)は，元は「命づな」の意味である。

(2)う．渋染一揆は，岡山藩で起こったできごとである。　お．福山藩主の阿部正弘が，老中としてアメリカとの条約交渉にあたったのは，19世紀中頃のことである。

(3)②あは黄熱病の研究をした細菌学者，いは同志社英学校(後の同志社大学)の創始者，うは『舞姫』『阿部一族』などをあらわした小説家である。

(4)あ．1912年　い．1925年(治安維持法の成立)　う．1954年　え．1945年

(5)う. 「福山市や倉敷市の非常に大規模な工場」とは製鉄所のこと。製鉄所では, 高温で鉄鉱石を熱して鉄を
つくるため, 鉄を冷やす際に大量の冷却水を必要とする。

(6)①ｂ・ｃ. 「持続可能な開発(持続可能な社会)」は, 環境問題を考えるうえで, 重要なキーワードである。
②ｅ. 熊本市は, 2012 年に政令指定都市となった。　横浜市は「富士山の東の方」に位置する都市であり, 長
野市は人口約 39 万人の都市である(2013 年)。

③　(1)①あ. 地球一周は約 4 万 km である。求める長さはその 4 分の 1 だから, 約 1 万 km が正答となる。

③え. 太平洋ではなく大西洋ならば正しい。　④あ. 東半球ではなく西半球ならば正しい。　え. アフリカ大
陸ではなく南アメリカ大陸ならば正しい。

(2)※①う. 福山市の 8 月の平均気温は 27.6℃, 那覇市の 8 月の平均気温は 28.7℃でほとんど変わらない(1981
～2010 年までの 30 年間の平均値)。　②Ａ. 数多くの島を持つ長崎県は, 北海道に次いで海岸線が長い。　Ｂ.
「複雑な海岸線のリアス海岸がみられる地域」とは志摩半島のこと。　Ｃ. 「リアス海岸がみられる地域」と
は三陸海岸のこと。岩手県の県庁所在地は盛岡市であり, 岩手県の沖合には寒流の千島海流(親潮)が流れる。

(3)①トラクターなどの農業用機械が, 1950 年代から使われ始め, 1960 年代には普及した。

②い. 第一次世界大戦中, 日本はアジアに綿織物を, ヨーロッパに軍艦などを輸出し, 好景気となった(大戦景
気)。　③あ. 「30 年前は貿易黒字だったが, 近年は貿易赤字が続き, …」ならば正しい。原油などの資源の輸
入が増加したほか, 日本の企業が海外で現地生産を行うようになったため, 近年は貿易赤字となっている。

※出典…③(2)①『平成 25 年理科年表』

平成 **25** 年度 　解答例・解説

━━━━━━━━━━━━━━━━ 《解答例》 ━━━━━━━━━━━━━━━━

①	(1)い	(2)い, お	(3)う	(4)う	(5)い	(6)え	(7)①お ②か	(8)え	(9)う

②	(1)お	(2)え	(3)か	(4)あ	(5)い	(6)お	(7)か	(8)え

③	(1)え	(2)①う ②あ	(3)え	(4)①あ ②う ③い	(5)①あ ②う

━━━━━━━━━━━━━━━━ 《解　説》 ━━━━━━━━━━━━━━━━

① (1)い. 右表参照。東の端は南鳥島, 南の端は沖ノ鳥島である。

最北端		最西端	
島名	所属	島名	所属
択捉島	北海道	与那国島	沖縄県
最東端		最南端	
島名	所属	島名	所属
南鳥島	東京都	沖ノ鳥島	東京都

(2)い. 天竜川は, 長野県の諏訪湖から出て, 静岡県を流れて遠州灘にそ
そぐ河川である。　お. 江の川は, 中国山地から出て, 広島県・島根県
を流れて日本海にそそぐ河川である。

(3)う. Ｘの文について, 前半部分は正しいが, 近年は減反政策や食の多様化のため, 北海道や秋田県での生産
量にここ数十年の間で大きな変化がなく, 生産量が多くなったとはいえない。

※(4)う. Ｘの文について, 工業生産の総額を比べると, 中京工業地帯(約 50 兆 3700 億円)の方が瀬戸内工業地域
(29 兆 1800 億円)よりも多いから, 誤り。　Ｙの文について, 化学工業の生産額を比べると, 瀬戸内工業地域
(約 7 兆 9000 億円)の方が関東内陸工業地域(約 2 兆 8000 億円)よりも多いから, 正しい(2012 年)。

(5)い. Ｙの文について, 沖縄県の伝統的な家では, 屋根を低くし瓦をしっくいで固めて強風を防いでいる。屋
根の角度を急にしているのは, 日本海側の降雪量が多い地域である。

(6)ａ の国はマレーシアである。マレーシアは, 一年を通して高温で雨の降る熱帯に属しているため, 風通しを

良くするために高床式の家にしている。

(7)①小麦はアメリカのほか，カナダからの輸入量が多いから，おである。　②鉄鉱石はオーストラリアのほか，ブラジルからの輸入が多いから，かである。　あは魚介類，いは石油，うは自動車，えはアルミニウムを示したものである。

(8)え．中国との貿易については正しいが，アメリカとの貿易については輸出額の方が輸入額を大きく上回っているため，誤り。

(9)う．Xの文について，地球温暖化は，おもに二酸化炭素などの温室効果ガスの増加が原因で進行している。

2　(1)お．イの文について，日本国憲法で保障された自由は，職業を選ぶ自由・言論や集会の自由のほかにも，表現の自由・信教の自由など数多くある。

(2)え．アの文について，国会議員と地方議会の議員のほか，首長(知事や市町村長など)についても国民や住民の投票で選ばれる。

(3)か．ウの文について，労働組合は，働く人がつくる団体であり，やとい主とともにつくる団体ではない。

(4)あ．イの文について，高齢者福祉のために利用される税金は，国が集めたもののほか，地方公共団体が集めたものも用いられる。　ウの文について，高齢者福祉のための予算は，国会が決定する。

(5)い．アの文について，和歌山県の天神崎は，ナショナルトラスト運動が行われた地として知られているが，2014年現在，世界自然遺産には登録されていない。　ウの文について，白神山地は，ラムサール条約(特に水鳥の生息地として国際的に重要な湿地に関する条約)には登録されていない。

(6)お．イの文について，梅雨に降水量が多くなるおもな原因は，梅雨前線の停滞である。

(7)か．ウの文について，日本の食料自給率は39%である(2012年)。

(8)え．アの文について，119番への通報は，火災発生時のほか，救急時にも行う。

3　(1)え．王が古墳に埋葬されるようになるのは，古墳時代のことである。

(2)①う．奈良時代，国を治めるための政治のしくみとして律令制が用いられた。

②あ．奈良時代の様子ではなく，平安時代の様子について述べた文である。

(3)え．元の襲来(元寇)は防衛戦であったため，幕府は御家人らに十分な恩賞を与えることができず，御家人と幕府との結びつきは弱くなった。

(4)①あ．幕府は，朱印状をもった大名や商人に貿易をすることを認めた。

③い．伊能忠敬が作成した日本地図は，ヨーロッパの測量技術を利用してつくられた。

(5)1901年に現在の北九州市につくられた本格的な製鉄所とは，八幡製鉄所のこと。

①あ．生糸は，富岡製糸場などで多くつくられた。

②あ．1895年(下関条約)　い．1870年代　う．1910年　え．1890年　　※出典…1(4)『日本国勢図会 2014/15』

平成 24 年度 解答例・解説

──── 《解答例》 ────

1　(1)①A．う　B．か　②あ　(2)①か　②お　③え　(3)①い　②え　③う　④い
2　(1)い　(2)く　(3)き　(4)あ　(5)か
3　(1)①a．戦争　b．平和　②い　③い　(2)①え　②あ　③え　(3)①島根　②あ　③う
4　(1)あ　(2)い　(3)う　(4)う　(5)え

《解　説》

1 ⑴①Ａ．うの紀伊山地は，和歌山県・奈良県・三重県にまたがる。　Ｂ．かの木曽山脈は中央アルプスとも呼ばれ，長野県から岐阜県・愛知県の県境にかけてのびる山脈である。

②あ．ｘ〜ｚのうち，１月の降水量が最も多いのは，日本海側に位置するｘである。日本海側の地域は，北西から吹く季節風のため，冬の降水量が多くなる。

⑵①か．ウの文について，有機農法は法律で義務づけられておらず，農薬や化学肥料を使う農業は現在でも行われている。

②お．イの文について，他国の経済水域の中では，その国の許可を得て，決められた料金を支払えば漁を行うことができるため，現在でも遠洋漁業は行われている。

③え．アの文について，戦争で得た賠償金をもとにつくられた八幡製鉄所は，九州地方北部の日本海側の都市（福岡県北九州市）に建設された。

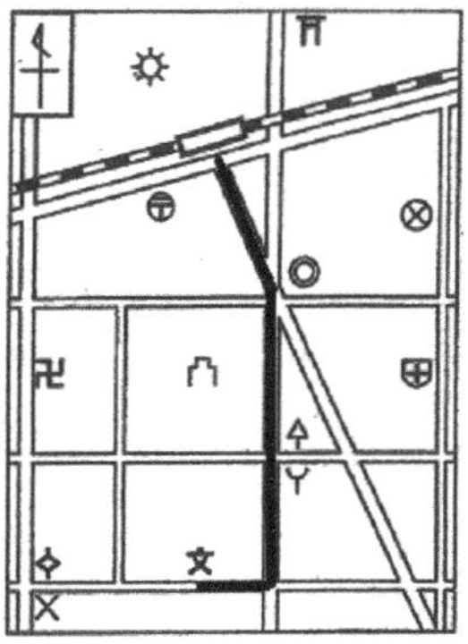

⑶①城跡（⌘）　い．西にあるのは神社（卂）ではなく寺院（卍）である。

あ．市役所（◎）　う．小・中学校（文）　え．病院（⊞）

②あ．郵便局（〒）の方が市役所より駅に近い。　い．発電所（⋇）ではなく工場（⚙）がある。　う．裁判所（⚐）と消防署（Y）が道路をはさんでとなり合っている。警察署（⊗）　え．正しい。最短ルートは右図参照。

③う．浄水場ではなく下水処理場ならば正しい。

④い．縮尺20万分の１の地図の１cmは２kmを表し，縮尺５万分の１の地図の１cmは500mを表す。したがって，同じ大きさの地図であれば，縮尺20万分の１の地図の方が縮尺５万分の１の地図よりも広い範囲のことがわかる。

2 ⑴い．イの文について，1992年に制定されたＰＫＯ協力法によって，自衛隊の海外派遣が可能となり，これまでにカンボジア・東ティモールなどへ派遣された。　ウの文について，アメリカ軍の基地は，沖縄県のほか，神奈川県などにも置かれている。

⑵く．ウの文について，政権をになう政党が自民党から民主党に変わったのは2009年のことである。

⑶き．イの文について，右表参照。市町村長を選ぶ選挙には25歳になれば立候補できる。

⑷あ．いずれの文も正しい。

選挙権	満18歳以上
衆議院議員・都道府県の議会議員・市（区）町村長・市（区）町村の議会議員の被選挙権	満25歳以上
参議院議員・都道府県知事の被選挙権	満30歳以上

※2016年の夏に実施される参議院議員通常選挙以降

⑸か．アの文について，北朝鮮（朝鮮民主主義人民共和国）ではなく韓国（大韓民国）であれば正しい。

3 ⑴②2014年現在，東北地方にある世界遺産は，青森県・秋田県にまたがる白神山地（世界自然遺産）・岩手県にある平泉（世界文化遺産）の２つである。したがって，いが正答。

③い．ｂの文について，現在でも石炭は火力発電の燃料や製鉄の原料などとして用いられている。

⑵①え．ａの文について，「三味線と語りに合わせて演じられる劇」は，能ではなく人形浄瑠璃で，江戸時代に完成された。　ｂの文について，歌舞伎は出雲の阿国のかぶき踊りから始まったと考えられている。

②あ．とんど（どんど）は，１月に門松・しめなわなどを燃やす行事で，どんど焼きとも呼ばれる。

⑶②あ．廃棄物発電は，人間の出したごみを利用して発電する方法である。

③３班のまとめた文に即して答える。あは，「町は自然条件や交通条件を生かした観光に力を入れている」とあるので必要である。いは，「中国山地のぼん地や高原が広がる芸北地方の真ん中にある町」とあるので必要

である。うは，３班のまとめた文中に言及がない。えは，「町には２つの高速道路やいっぱん国道が通っている」とあるので必要である。

4 (1)鎌倉幕府が成立した年を 1185 年，江戸幕府が滅びた年を 1867 年とすると，鎌倉幕府が成立してから江戸幕府間が滅びるまでの期間は 682 年間となる。明治時代がはじまった年は 1868 年であり，「現在」を試験実施年の 2012 年とすると，明治時代がはじまってから現在までの期間は 144 年間となる。したがって，682÷144＝4.7…(倍)より，あが正答。

(2)い．一向宗(浄土真宗)の総本山であった石山本願寺は，織田信長に攻められ，焼失した。その後，石山本願寺のあった場所に豊臣秀吉によって大阪城が建てられた。

(3)徳川家康が征夷大将軍に就任したのは 1603 年のことだから，うが正答。

(4)あはヨーロッパ，いは東南アジア，えは西アジアの国である。

(5)銀閣が建てられたのは室町時代のことである。　　あ．平安時代　い．奈良時代　う．江戸時代　え．室町時代

平成 23 年度　解答例・解説

《解答例》

1 (1)A．か　B．う　C．お　D．き　　(2)(ｘ)お　(ｙ)あ　　(3)①あ　②え

2 (1)あ　(2)く　(3)き　(4)う　(5)い　(6)う　(7)え　(8)き　(9)か

3 (1)う　(2)い　(3)い　(4)え　(5)か　(6)い　(7)あ　(8)う　(9)あ　(10)え　(11)う　(12)お

《解　説》

1 (1)A．「天神崎」より，和歌山県である。　　B．「秋吉台」より，山口県である。　　C．「南西の県境」「白神山地」より，青森県である。　　D．「口蹄疫という家畜の伝染病」などより，宮崎県である。

あ．奈良県　い．高知県　う．山口県　え．岩手県　お．青森県　か．和歌山県　き．宮崎県　く．山梨県

(2)(ｙ)ラムサール条約…特に水鳥の生息地として国際的に重要な湿地に関する条約　秋吉台水系のほか，琵琶湖・釧路湿原などがラムサール条約に登録されている。

(3)②え．家畜の伝染病が発生した場合，広範囲に被害が拡散するおそれがあるため，わずかな異変でもすぐに役所に届け出て，被害を最小限に留めることが重要である。

2 (1)あ．Bの文について，福山市からみると，アメリカ合衆国の首都ワシントンD.C.は，ほぼ北東に位置する。Cの文について，右表参照。日本の南の端は，東京都の沖ノ鳥島である。Dの文について，日本の東西の範囲は，およそ東経 122 度から東経 153 度までである。

最北端		最西端	
島名	所属	島名	所属
択捉島	北海道	与那国島	沖縄県
最東端		最南端	
島名	所属	島名	所属
南鳥島	東京都	沖ノ鳥島	東京都

(2)く．Dの文について，日本海側沿岸の都市である秋田市は，北西から吹く季節風の影響を受け，冬は降水量が多く，日照時間が短い。

(3)き．Cの文について，天然林の総面積は，ここ数十年の間でほとんど変わっていない。

(4)う．Aの文について，関東地方の千葉県や埼玉県など，大消費地である東京都に近い県では，新鮮な野菜を

出荷する近郊農業がさかんに行われている。そのため，関東地方は中国地方よりも農業生産額が多い。

Bの文について，中部地方の日本海に面する４県(新潟県・富山県・石川県・福井県)は，全国有数の水田単作地帯であり，四国地方の４県(香川県・愛媛県・高知県・徳島県)よりも米の生産量が多い。

Dの文について，水揚げ量５万ｔ以上の大きな漁港は，千島海流(親潮)が流れる太平洋側の方が多い。

(5)い．Aの文について，2011年に東日本大震災が起こるまで，輸入額よりも輸出額の方が多い貿易黒字の状態が20年以上続いていた。

Cの文について，日本が石油を最も多く輸入している国はサウジアラビアであり，サウジアラビアには<u>東経40度線</u>が通っている。

Dの文について，日本は，アメリカ・中国・カナダ・オーストラリアなど，世界各国から食料を輸入している。

(6)う．Aの文について，民間放送は，スポンサーのコマーシャル(CM)の放送が主な収入源となっている。

Bの文について，プロデューサーではなく記者(ジャーナリスト)ならば正しい。また，放送記者ではなくアナウンサーならば正しい。

Dの文について，全国でアナログ放送が終了し，地上デジタル放送へと移行したのは，2012年のこと。

(7)え．Aの文について，予算は内閣が案を作成して，国会が決定する。

Bの文について，国の事業の無駄を見直す「事業仕分け」が行われている。

Cの文について，国の収入の多くを国債発行に依存している。

(8)き．Cの文について，国民審査は，最高裁判所の裁判官に対する審査を行うものである。なお，2015年に公職選挙法が改正され，選挙権年齢は満18歳以上に引き下げられた。

(9)か．Bの文について，日本国憲法第９条に「陸海空軍その他の戦力は，これを保持しない」と規定されている。

3 (1)う．645年，中大兄皇子・中臣鎌足らは天皇をしのぐほどの力をもっていた蘇我氏を倒し，政治改革を進めた(大化の改新)。　あは古墳時代の様子を，いは①より数十年前のできごとの様子を，えは平安時代の様子を述べた文である。

(2)い．収穫高の約半分ではなく，収穫高の約３％であれば，租に関する記述として正しい。

(3)あ・えは源頼朝，うは宇多天皇(遣唐使の停止を進言したのは菅原道真)に関するものである。

(4)え．脱穀のための道具として，とうみや千歯こきが使われるようになったのは，江戸時代のことである。

(5)か．ｃは刀狩，ｄは朝鮮出兵(1592年文禄の役・1597年慶長の役)に関して述べたものである。

(6)い．日本は琉球王国に兵を送り，服属させたが，「攻めほろぼし」てはおらず，「直接支配」も行っていない。琉球王国は，17世紀初頭に薩摩藩に攻められ，以後，薩摩藩に服属する一方で，中国との朝貢貿易を続けた。

(7)あ．ｂの文について，広島県西部の人口は，1834年から1840年にかけては減少している。ｄの文について，県西部・県東部の1872年の人口は，1721年の人口の327÷200＝1.635(倍)で，２倍を超えていない。

(8)う．1854年，老中阿部正弘は，開国を要求するアメリカとの間で日米和親条約を結んだ。

(9)日清戦争は，1894〜1895年にかけて起こった戦い。この戦いにおいて，派兵の拠点となった広島に議会や内閣が移された。

⑽「米騒動」は，1918年（大正時代）に起こったできごとである。　　え．1920年，日本で初めてのメーデーが東京の上野公園で行われ，1921年には労働組合の全国組織である日本労働総同盟が結成された。

あは，明治時代のできごとである。いは，部落差別の解放運動を進める全国水平社が，女性の地位の向上を求める運動をすすめたとしている点が誤っている。うは，「職業や学歴」が「納税額」ならば正しい。

⑾う．Cの文について，原爆医療法ができたのは1957年で，終戦の10年以上後であった。

⑿ a．1994年　　b．1996年　　c．1993年10月29日　　d．1993年10月26日

■ ご使用にあたってのお願い・ご注意

（1）問題文等の非掲載

　著作権上の都合により，問題文や図表などの一部を掲載できない場合があります。

　誠に申し訳ございませんが，ご了承くださいますようお願いいたします。

（2）過去問における時事性

　過去問題集は，学習指導要領の改訂や社会状況の変化，新たな発見などにより，現在とは異なる表記や解説になっている場合があります。過去問の特性上，出題当時のままで出版していますので，あらかじめご了承ください。

（3）配点

　学校等から配点が公表されている場合は，記載しています。公表されていない場合は，記載していません。

　独自の予想配点は，出題者の意図と異なる場合があり，お客様が学習するうえで誤った判断をしてしまう恐れがあるため記載していません。

（4）無断複製等の禁止

　購入された個人のお客様が，ご家庭でご自身またはご家族の学習のためにコピーをすることは可能ですが，それ以外の目的でコピー，スキャン，転載（ブログ，ＳＮＳなどでの公開を含みます）などをすることは法律により禁止されています。学校や学習塾などで，児童生徒のためにコピーをして使用することも法律により禁止されています。

　ご不明な点や，違法な疑いのある行為を確認された場合は，弊社までご連絡ください。

（5）けがに注意

　この問題集は針を外して使用します。針を外すときは，けがをしないように注意してください。また，表紙カバーや問題用紙の端で手指を傷つけないように十分注意してください。

（6）正誤

　制作には万全を期しておりますが，万が一誤りなどがございましたら，弊社までご連絡ください。

　なお，誤りが判明した場合は，弊社ウェブサイトの「ご購入者様のページ」に掲載しておりますので，そちらもご確認ください。

■ お問い合わせ

　解答例，解説，印刷，製本など，問題集発行におけるすべての責任は弊社にあります。

　ご不明な点がございましたら，弊社ウェブサイトの「お問い合わせ」フォームよりご連絡ください。迅速に対応いたしますが，営業日の都合で回答に数日を要する場合があります。

　ご入力いただいたメールアドレス宛に自動返信メールをお送りしています。自動返信メールが届かない場合は，「よくある質問」の「メールの問い合わせに対し返信がありません。」の項目をご確認ください。

　また弊社営業日（平日）は，午前９時から午後５時まで，電話でのお問い合わせも受け付けています。

2025 春

株式会社教英出版

〒422-8054　静岡県静岡市駿河区南安倍３丁目 12-28

TEL　054-288-2131　　FAX　054-288-2133

URL　https://kyoei-syuppan.net/

MAIL　siteform@kyoei-syuppan.net

教英出版　2025　24 の 1　広島大学附属福山中７年分

平成 23 年度　　**算　数**　　　　（3枚のうち，その1）

（注意）(1)　答えは解答用紙にかきなさい。

　　　　(2)　答えが整数にならないときは，小数で答えても分数で答えても

（50分）　　　　よろしい。

1　次の　□　の中にあてはまる数を答えなさい。

(1)　$2.6 + 1.4 \times 3.5 - 3.5 \div 5$　を計算すると，答えは　□　になります。

(2)　ある学校の5年生の人数は90人で，6年生の人数は110人です。

　　　5年生は1年間で，1人あたり，平均38.8さつの本を読みました。

　　　6年生は1年間で，1人あたり，平均34.8さつの本を読みました。

　　　5年生と6年生をあわせると1年間で，

　　　1人あたり，平均　□　さつの本を読んだことになります。

(3)　右の図のような，辺ABの長さが3cm，

　　　辺BCの長さが4cm，辺ACの長さが

　　　5cmの直角三角形ABCがあります。

　　　三角形ABCについて，辺ACを底辺と

　　　したときの高さは　（ア）　cmです。

　　　点Dは辺AC上の点で，

　　　三角形BCDの面積が$\frac{26}{5}$cm²のとき，

　　　直線ADの長さは　（イ）　cmです。

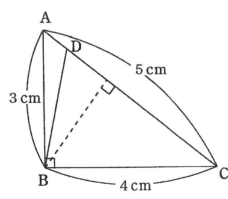

(4)　1辺の長さが3cmの正方形ABCDが

　　　あります。

　　　その正方形の中に，右の図のように，

　　　たての辺に平行な直線を2本と，

　　　横の辺に平行な直線を2本ひきます。

　　　このとき，ななめの線をつけた

　　　4つの長方形の面積の和は　□　cm²です。

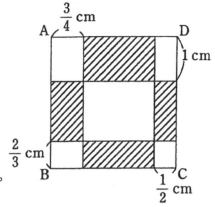

(5)　1から100までの整数を考えます。それぞれの整数の約数の個数を考える

　　　と，たとえば，1の約数は1だけなので，1の約数の個数は1個となり，

　　　6の約数は1，2，3，6なので，6の約数の個数は4個となります。

　　　1から100までの整数の中で，約数の個数が12個である整数を小さい順に

　　　かくと，60，　（ア）　，84，90，　（イ）　の5つです。

　　　このとき，　（ア）　と　（イ）　の最大公約数は　（ウ）　です。

(6)　おはじきが何個かあります。1番目の人が，1個をとり，さらにその残り

　　　の$\frac{1}{6}$をとりました。次に，2番目の人が，1番目の人がとった残りから2個

　　　をとり，さらにその残りの$\frac{1}{6}$をとりました。次に，3番目の人が，2番目の

　　　人がとった残りから3個をとり，さらにその残りの$\frac{1}{6}$をとりました。次に，

　　　4番目の人が，3番目の人がとった残りから4個をとり，さらにその残りの

　　　$\frac{1}{6}$をとりました。最後に，5番目の人が4番目の人がとった残りから5個を

　　　とると，おはじきが全部なくなってしまいました。

　　　最初にあったおはじきは全部で　□　個です。

2　右の図のように，点Oを中心とする円が
あります。点Aと点Bは円周上の点Pを
同時に出発します。

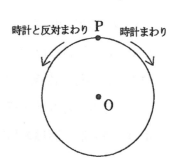

点Aは，円周上を1周するのにちょうど
120秒かかる速さで，円周上を時計と反対まわりに
速さを変えずに動き続けます。

点Bは，点Aよりおそい速さで，円周上を
速さを変えずに動き続けます。

次の　　　　の中にあてはまる数を答えなさい。

(1)　点Bが時計まわりに動く場合を考えます。

点Bが円周上を1周するのにちょうど200秒かかる速さで動くとします。

直線ABが出発後はじめてこの円の直径になるのは，

出発して　　　　秒後です。

(2)　点Bが時計と反対まわりに動く場合を考えます。

点Aと点Bが出発後はじめて重なるのは出発して160秒後とします。

直線OAと直線OBが出発後はじめて垂直になるのは，

出発して　(ア)　秒後です。また，点Bは円周上を1周するのに
ちょうど　(イ)　秒かかる速さで動いています。

(3)　点Bが時計と反対まわりに動く場合を考えます。

出発して300秒後に，点Aと点Bが重なっているのは，

点Bが円周上を1周するのにちょうど　(ウ)　秒かかる速さで動く場合と，

ちょうど　(エ)　秒かかる速さで動く場合です。

（　(ウ)　の数は　(エ)　の数より小さいとします。）

3　下の図のように，まず1円玉を正三角形の形にならべ，次に1円玉を動か
して，正三角形の上下を逆転させようと思います。ただし，動かす1円玉の
まい数はできるだけ少なくします。

2だんの場合は，たとえば図1のななめの線をつけた1円玉1まいを，
3だんの場合は，たとえば図2のななめの線をつけた1円玉2まいを，
4だんの場合は，たとえば図3のななめの線をつけた1円玉3まいを，
動かすと正三角形の上下を逆転させることができます。

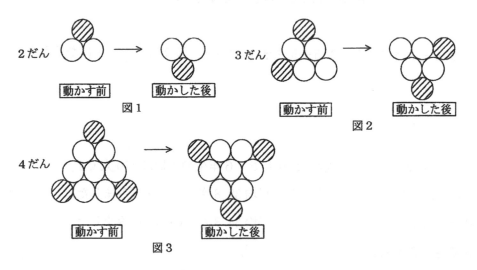

同じように，

5だんの場合は，動かす1円玉のまい数をできるだけ少なくして正三角形
の上下を逆転させると，1円玉　(ア)　まいを動かしたことになります。

6だんの場合は，動かす1円玉のまい数をできるだけ少なくして正三角形
の上下を逆転させると，1円玉　(イ)　まいを動かしたことになります。

7だんの場合は，動かす1円玉のまい数をできるだけ少なくして正三角形
の上下を逆転させると，1円玉　(ウ)　まいを動かしたことになります。

上の　　　　の中にあてはまる数を答えなさい。

また，解答用紙の例にならって，それぞれの場合について，
解答用紙にある　動かす前　の図に，動かす1円玉にななめの線をつけなさい。
答えは何通りかあるものもありますが，そのうちの1つをかきなさい。

解　答　用　紙

1

(1) ☐

(2) ☐ さつ

(3) (ア) ☐ cm　(イ) ☐ cm

(4) ☐ cm²

(5) (ア) ☐　(イ) ☐　(ウ) ☐

(6) ☐ 個

2

(1) ☐ 秒後

(2) (ア) ☐ 秒後　(イ) ☐ 秒

(3) (ウ) ☐ 秒　(エ) ☐ 秒

3

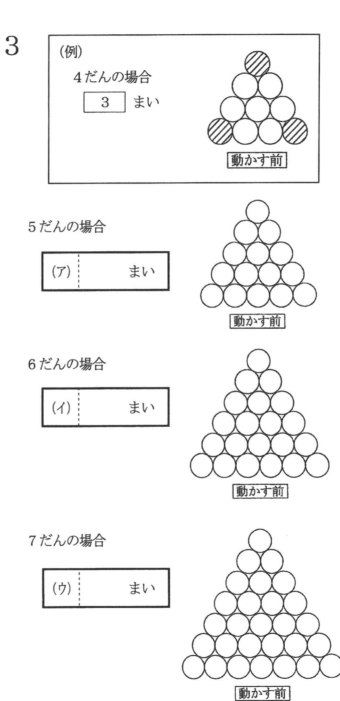

(例)
4だんの場合
☐ 3 ☐ まい
動かす前

5だんの場合
(ア) ☐ まい
動かす前

6だんの場合
(イ) ☐ まい
動かす前

7だんの場合
(ウ) ☐ まい
動かす前

H23. 広島大学附属福山中
K 教英出版

理 科

（※理科と社会2科目合わせて50分）　（注意）　答えはすべて解答らんに記入しなさい。

1 私たちのまわりでは多くの水よう液がいろいろなところで使われています。いくつかの水よう液の性質を調べる実験をしました。次の各問いに答えなさい。

(1) 炭酸水，うすい食塩水，うすい塩酸をそれぞれ2〜3てきずつ，図のようにスライドガラスにつけて，おだやかに加熱し，これらの水よう液に何がとけているか調べました。加熱したあとに何も残らなかった水よう液はどれですか。次のア〜ウの中からすべて選び，記号で答えなさい。

水よう液

　　ア．炭酸水　　　　　イ．うすい食塩水
　　ウ．うすい塩酸

(2) (1)のように，あとに何も残らなかったのはなぜですか。「,」や「。」もふくめて15字以内で説明しなさい。

(3) 水よう液には，金属などの水にとけないものでも，変化させてとかすことのできるものがあります。そのような水よう液と金属の組み合わせはどれですか。次のア〜エの中からすべて選び，記号で答えなさい。

　　ア．うすい水酸化ナトリウム水よう液と鉄(スチールウール)
　　イ．うすい水酸化ナトリウム水よう液とアルミニウム
　　ウ．うすい塩酸と鉄(スチールウール)
　　エ．うすい塩酸とアルミニウム

(4) アルミニウムや鉄は，ジュースなどの容器としてよく使われています。アルミニウムと鉄を区別するには，水よう液を使った実験のほかに，どのような方法がありますか。その方法と結果がわかるように，「,」や「。」もふくめて20字以内で答えなさい。

(5) うすい塩酸，食塩水，石かい水，炭酸水，うすい水酸化ナトリウム水よう液をリトマス紙を使ってなかま分けしました。青色のリトマス紙を赤くする水よう液はどれですか。次のア〜オの中からすべて選び，記号で答えなさい。

　　ア．うすい塩酸　　　イ．食塩水　　　ウ．石かい水
　　エ．炭酸水　　　　　オ．うすい水酸化ナトリウム水よう液

---

2 ふりこを利用して，一定のテンポで音が鳴る装置を作ることにしました。図1のように，支点から糸を下げ，ふりこの長さが30cmになるようにおもりを取り付けました。また，かべにはセンサーが取り付けられており，センサーの前を糸が通ると，音が鳴ります。ふりこがふれ，1回目の音を聞いてから11回目の音を聞くまでの10間かくの時間をはかると，5.5秒でした。これについて，次の各問いに答えなさい。ただし，糸はセンサーに当たることはありません。

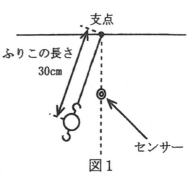

支点
ふりこの長さ
30cm
センサー
図1

(1) ふりこが1往復する時間は何秒ですか。

(2) ふりこにつけられたおもりの重さを変えると，音が鳴る間かくがどうなるかを調べるため，図2のようにおもりをもう1つつけて実験をしようとしました。ところが，このおもりのつけ方は適切でないことがわかりました。適切でない理由を，「,」や「。」もふくめて18字以内で答えなさい。

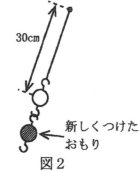

30cm
新しくつけたおもり
図2

(3) 図3に示しているふりこがふれる角度を(A)10°，(B)20°，(C)30° として，音が鳴る間かくをそれぞれ測定しました。その結果を比べるとどうなりますか。次のア〜エの中から1つ選び，記号で答えなさい。

　　ア．間かくが長い方からA，B，Cの順。
　　イ．間かくが長い方からB，A，Cの順。
　　ウ．間かくが長い方からC，B，Aの順。
　　エ．間かくはA，B，Cとも同じ。

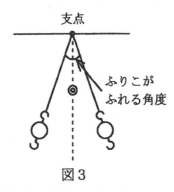

支点
ふりこがふれる角度
図3

(4) 図1の実験の条件を，次のア〜クのように変えて，音が鳴る間かくを調べました。条件を変える前よりも，音が鳴る間かくが長くなったのはどれですか。すべて選び，記号で答えなさい。ただし，書かれていない条件については，図1と同じ条件で実験を行ったものとします。

　　ア．ふりこの長さを短くする。　　　　イ．ふりこの長さを長くする。
　　ウ．おもりの重さを重くする。　　　　エ．おもりの重さを軽くする。
　　オ．ふりこの長さを短くし，ふりこがふれる角度を大きくする。
　　カ．ふりこの長さを長くし，ふりこがふれる角度を小さくする。
　　キ．ふりこの長さを短くし，おもりの重さを重くする。
　　ク．ふりこの長さを長くし，おもりの重さを軽くする。

3 植物とそのまわりの空気との関係を調べるために，次のような実験をしました。これについてあとの各問いに答えなさい。

【実験】

① よく晴れた日の朝，右の図のように植物にふくろをかぶせ，ストローで息をふきこむ。このとき，はじめにふくろをしぼませておいてから，息をふきこみ，その空気を<u>4〜5回すったり，はいたりしてふくろにためる。</u>

② ふくろの中の酸素と二酸化炭素の体積の割合を気体検知管で調べ，ふくろのあなをふさいで，よく日光に当てる。

③ 1時間後，ふくろの中の酸素と二酸化炭素の体積の割合をもういちど調べる。

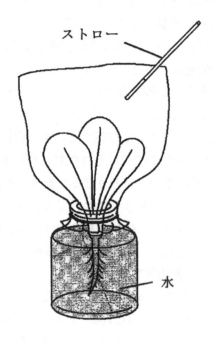
ストロー
水

(1) この実験で①の下線部のようにするのはなぜですか。その理由を説明した次の文の（ ア ）〜（ ウ ）に言葉を入れて，文を完成させなさい。ただし，（ ア ），（ ウ ）には「多い」，「少ない」のどちらかが入ります。

> はく息にふくまれる二酸化炭素の割合は，まわりの空気に比べると（ ア ）が，はく息にふくまれる（ イ ）や酸素の割合に比べると，とても（ ウ ）ため。

(2) 酸素用検知管を使うとき，二酸化炭素用検知管に比べ，特に注意することは何ですか。「，」や「。」もふくめて，20字以内で答えなさい。

(3) 次のア〜エは，日光に当てる前と後のふくろの中の空気を調べた，酸素用検知管，二酸化炭素用検知管のようすを示しています。日光に当てる前の二酸化炭素の割合を示しているのはどれですか。ア〜エの中から1つ選び，記号で答えなさい。

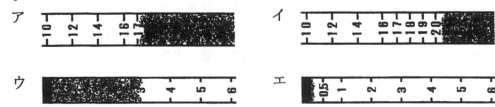

(4) (3)のア〜エで，日光に当てた後の酸素の割合を示しているのはどれですか。(3)のア〜エの中から1つ選び，記号で答えなさい。

(5) 次の図は，この実験からわかったことをもとに考えた動物と植物の関係を示しています。図の（ ア ），（ イ ）には二酸化炭素，酸素のどちらが入りますか。それぞれについて答えなさい。

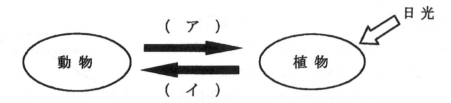
日光
（ ア ）
動物
植物
（ イ ）

4 図1は，ある町の地形をあらわしたものです。この町には，山から海に向かって川が流れています。Aはその川が山から平野に出る手前の地点，Bは川が平野で曲がっている地点，Cは川が海へ出る手前の地点を示しています。また，Dはがけが観察できる地点です。次の各問いに答えなさい。

(1) この川について説明した文章になるように，次の（ ア ）〜（ ウ ）に，AまたはCのどちらかの記号を入れなさい。

> AとCを比べると，川の流れは（ ア ）のほうが速い。また，川はばは（ イ ）のほうが広い。川にある石は（ ウ ）のほうが角ばっていて大きい。

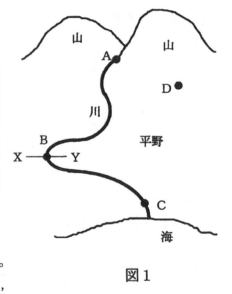
山
A
山
D
川
B
平野
X　Y
C
海
図1

(2) Bでのようすについて，次の各問いに答えなさい。

① この地点の川の深さはどうなっていますか。図のX−Yでの川の断面として正しいものを，次のア〜エの中から1つ選び，記号で答えなさい。

ア　水面　　　イ　　　　ウ　　　　エ

② この地点での川の流れる速さはどうなっていますか。次のア～エの中から
１つ選び，記号で答えなさい。

ア．川岸に近いところが速く，真ん中がおそい。

イ．川岸に近いところも，真ん中も同じ速さである。

ウ．川の真ん中より，Ｘの側が速く，Ｙの側がおそい。

エ．川の真ん中より，Ｙの側が速く，Ｘの側がおそい。

(3) Dにあるがけでは，図２のような地層が観察で
きました。それぞれの層の特ちょうは次のように
なっていました。あとの各問いに答えなさい。

a……砂でできた層

b……小さなつぶや小石でできた層

c……ねんどでできた層

d……砂でできた層

e……角が取れ，丸みのある小石や砂でできた層
　　　で，下へ行くほど石が大きくなっている

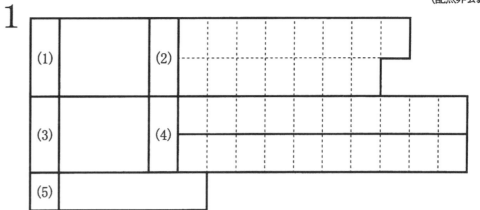

図２

① a，dの層からは，貝がらなどの生物のあとがみられました。このような大
昔の生物のからだや生き物がいたあとが残ったものを何といいますか。漢字２
字で答えなさい。

② bの層の土を水で洗って観察すると，角のある小さなつぶになっていました。
この層にある小石はどのような特ちょうをもっていますか。次のア～エの中か
ら１つ選び，記号で答えなさい。

ア．砂のつぶからできていて丸みがある。

イ．砂のつぶからできていて角ばっている。

ウ．表面がつるつるしている。

エ．小さなあながたくさんあいている。

③ cのようなねんどの層がおし固められると，どのような岩石になりますか。
その名前を答えなさい。

④ このがけでは図２のＰからＱのように層のずれがみられました。このような
層のずれを何といいますか。漢字２字で答えなさい。

解　答　ら　ん

※30点満点
（配点非公表）

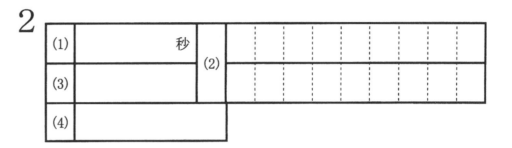

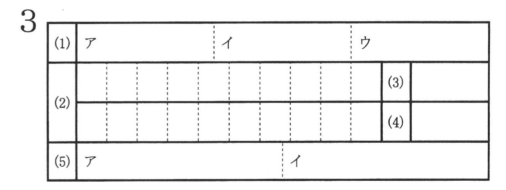

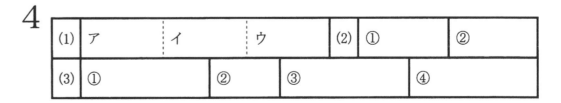

社 会　3まいのうち，その1

（注意）解答は，すべて解答らんに記入しなさい。

1　次のA～Dの文を読み，後の問いに答えなさい。

> A．この県は近畿地方に位置し，田辺市にある天神崎は日本ではじめて自然を守るための<u>ナショナルトラスト運動（x）</u>がおこなわれた。
>
> B．この県は中国地方に位置し，内陸部にある秋吉台水系は<u>ラムサール条約（y）</u>の登録地である。
>
> C．この県の南西の県境にある白神山地は，世界自然遺産の登録地である。
>
> D．この県は肉牛の頭数が全国3位，豚の頭数が全国2位で畜産が盛んだが，昨年の4月に<u>口蹄疫（z）</u>という家畜の伝染病が確認され，多くの家畜が処分された。

（1）A～Dの文中の「この県」がそれぞれ何県であるかを考え，A～Dの各県について述べたものを，次の**あ**～**く**から一つずつ選び，その記号を答えなさい。

あ．昨年，遷都1300年祭があり，多くの観光客が訪れた。

い．昨年，テレビドラマの影響もあり坂本龍馬が注目されたが，この県は坂本龍馬の出身地で，多くの観光客が訪れた。

う．昨年，内閣総理大臣になった菅直人が，高校時代までを過ごした県である。日本の歴代の総理大臣はこの県の出身者が最も多く，特に戦前には5人もおり，鹿児島県より多い。初代総理大臣の伊藤博文もこの県の出身である。

え．昨年，菅直人と小沢一郎による民主党代表選挙があったが，この県には衆議院議員選挙で小沢一郎を選出してきた選挙区がある。農業では，北上高地など各地に牧場がみられ，牛の飼育が盛んである。

お．昨年，県庁所在地の都市まで新幹線が開通した。農業では，県の西部を中心にりんご作りが盛んである。

か．昨年，人口減少により県の人口が100万人を下回った。農業では，紀ノ川流域など各地に果樹園がみられ，みかん作りなどが盛んである。

き．先月，元芸能人で高い支持率を得ていた知事が退任し，新しい知事が就任した。農業では，冬の日照時間の長さを利用した野菜作りなどが盛んである。

く．将来開通するリニア中央新幹線は，この県を通ることが決まっている。農業では，県庁所在地がある盆地でぶどう作りやもも作りなどが盛んである。

（2）A・Bの文中の下線部（x）・（y）の内容について最も適切に述べたものを，次の**あ**～**か**からそれぞれ一つずつ選び，その記号を答えなさい。

あ．水鳥などが集まる重要な湿地を守る。

い．絶滅のおそれのある野生の動植物を保護する。

う．川の水源となっている場所に植林をして，川の水が減らないようにする。

え．国内の木を使用する取り組みを進めて，林業が維持されるようにする。

お．募金を集めて土地や建物を買い取り，自然や歴史的建物などを保存する。

か．エコマークやグリーンマークがついた製品を買って，環境保護に貢献する。

（3）Dの文中の下線部（z）に関して，次の問いに答えなさい。

①口蹄疫のような家畜の病気を防いだり，畜産をしている人に対する補償をおこなったりする省を，次の**あ**～**お**から一つ選び，その記号を答えなさい。

あ．農林水産省　**い**．財務省　**う**．経済産業省　**え**．防衛省　**お**．環境省

②口蹄疫などの家畜の伝染病が発生した際の，畜産をしている人の対応について，最も適切に述べたものを，次の**あ**～**え**から一つ選び，その記号を答えなさい。

あ．できるだけ早く伝染病が発生した現場を訪れて，多くの情報を収集する。

い．インターネットでみた情報はすべて，畜産をしている他の人たちに伝える。

う．テレビの報道を最も信用して，家畜への対応をできるだけ早くおこなう。

え．自分が飼育する家畜に異変があれば，小さな異変でも担当の役所に報告する。

2　（1）～（9）にあるA～Dの文の正誤を適切に示したものを，次の**あ**～**く**から一つずつ選び，その記号を答えなさい。ただし，同じ記号を何度選んでもよい。

> **あ**．Aのみ正しい　**い**．Bのみ正しい　**う**．Cのみ正しい　**え**．Dのみ正しい
>
> **お**．Aのみ誤り　**か**．Bのみ誤り　**き**．Cのみ誤り　**く**．Dのみ誤り

（1）次の各文は，広島県福山市からの距離・方位や日本の範囲に関する文です。

A．福山市からは，札幌市よりも大韓民国の首都ソウルの方が距離が近い。

B．福山市からみると，アメリカ合衆国の首都ワシントンはほぼ真東に位置する。

C．日本の北の端は北海道の択捉島で，南の端は沖縄県の与那国島である。

D．日本の東西の範囲は，およそ東経134度から東経153度までである。

（2）次の各文は，日本各地の気候に関する文です。

A．岡山市と那覇市は水不足になりやすいが，年間降水量では那覇市の方が多い。

B．岡山市と那覇市の1月と8月の月平均気温を比べると，1月・8月ともに那覇市の気温の方が高く，月平均気温の差は8月よりも1月の方が大きい。

C．日本海沿岸の秋田市と太平洋沿岸の宮古市はほぼ同緯度に位置するが，海流などの影響もあり，8月の平均気温では宮古市の方が低い。

D．秋田市と宮古市の1月の日照時間を比べると，秋田市の方が長い。

（3）次の各文は，日本の森林に関する文です。

A．日本は，国土の面積の約3分の2が森林である。

B．魚を増やすために，漁業をする人たちによって植林されている山がある。

C．植林が続けられ，天然林の総面積は大きく増加してきている。

D．林業で働く人たちが減り，荒れた森林が各地で増加してきている。

（4）次の各文は，日本各地の農業や漁業に関する文です。

　A．関東地方は，都市化が進んでおり，中国地方よりも農業生産額が少ない。

　B．中部地方の日本海に面する4県は，雪が多く降り，四国地方の4県よりも米
　　の生産量が少ない。

　C．九州地方と北海道地方はともに，米作りに適していない場所が多くあり，米
　　よりも畜産物の生産額の方が多い。

　D．東北地方の日本海側と太平洋側では，近くを流れる海流などの影響もあり，
　　水揚げ量5万t以上の大きな漁港は日本海側の方が多い。

（5）次の各文は，近年の日本の貿易に関する文です。

　A．貿易額をみると，輸出額よりも輸入額の方が多い状態が20年以上続いている。

　B．輸入品をみると，原料・エネルギー資源よりも工業製品の方が輸入額が多い。

　C．日本が石油を最も多く輸入している国は，西経40度線が通っている。

　D．日本の食料輸入の大部分は，アジアの近隣諸国からとなっている。

（6）次の各文は，日本のテレビ放送に関する文です。

　A．日本テレビやテレビ朝日などの放送局は，視聴者からの受信料が主な収入源
　　であり，そのお金で番組をつくって放送している。

　B．ニュース番組のプロデューサーは事件などがおきた現場へ行き取材をするの
　　が主な仕事で，放送記者は原稿を読みニュースを伝えるのが主な仕事である。

　C．緊急地震速報は気象庁から配信されてテレビにも表示されるが，これは地震
　　の大きな揺れがおきる前に表示されることになっている。

　D．昨年，全国でアナログ放送が終了し，地上デジタル放送へと移行した。

（7）次の各文は，現在の日本の国家予算に関する文です。

　A．予算は，内閣総理大臣が案を作成して，内閣が決定する。

　B．予算にもとづいて行われる国の事業は，無駄について見直されたことはない。

　C．予算は現在90兆円を超えるが，この収入のほぼ全額が税金によるものである。

　D．支出のうち，最も大きな割合を占めているのは社会保障費である。

（8）次の各文は，日本における国と地方の政治に関する文です。

　A．国会議員を選出する選挙で投票できる年齢は，20歳以上である。

　B．世論は内閣に影響を与えるが，内閣支持率は世論を示すものの一つである。

　C．国民審査は，国民から選ばれる裁判員に対する審査をおこなうものである。

　D．地方自治では，住民が条例の制定についての請求をおこなうことができる。

（9）次の各文は，日本国憲法の平和主義や日本の安全保障に関する文です。

　A．日本国憲法は，外国との争いを戦争によって解決しないことを定めている。

　B．日本国憲法は，日本の平和を維持するための戦力をもつことを定めている。

　C．自衛隊は，これまでに海外のいくつかの国々で活動をしてきた。

　D．アメリカ軍の基地は日本の各地にあるが，沖縄県には特に多い。

3　次の表は「広島県の歴史」をまとめたものです。①〜⑫の出来事に対応した
日本の歴史に関する（1）〜（12）の問いに答えなさい。なお，答えはあ〜えから
〔（5）と（12）はあ〜かから〕一つ選び，その記号を答えなさい。

① 642年	大和の王宮造営に人々が動員される	⑦1732年	大飢饉で多くの餓死者が出る
② 741年	国分寺の造営が命じられる	⑧1843年	阿部正弘（福山藩主）が老中となる
③1168年	厳島神社が今の規模に造営される	⑨1894年	山陽鉄道が広島市まで開通する
④1348年	明王院（常福寺）五重塔が完成する	⑩1918年	米騒動が県内各地に広がる
⑤1592年	豊臣秀吉が広島城を訪れる	⑪1945年	広島市に原子爆弾が落とされる
⑥1638年	福山藩が島原の乱に出陣する	⑫1994年	広島県でアジア大会が開かれる

（1）このころの「大和」の様子として，正しく述べたものを選びなさい。

　あ．漢字や仏教が渡来人によって初めて伝えられた。

　い．聖徳太子が天皇中心の新しい国づくりを進めていた。

　う．蘇我氏が天皇をしのぐほどの力をもっていた。

　え．『源氏物語』など，女性による文学作品が貴族の間で広く読まれていた。

（2）このころの農民に課せられた負担について，誤って述べたものを選びなさい。

　あ．都の役所や寺を造る工事で働くことになっていた。

　い．収穫高の約半分の米を地方の役所に納めることになっていた。

　う．絹・塩・鉄などの各地の特産物を朝廷の役所に納めることになっていた。

　え．兵士として都や九州の守りにつくことになっていた。

（3）この造営は平清盛によってすすめられました。平清盛について，正しく述べた
ものを選びなさい。

　あ．鎌倉に幕府を開いた。　　　　　い．平治の乱で源頼朝の父を破った。

　う．遣唐使を廃止した。　　　　　　え．国ごとに守護を置いた。

（4）この寺の門前にあった草戸千軒は，米などの農作物の集積地でもありました。
このころの農業について，誤って述べたものを選びなさい。

　あ．稲を刈り取った後に，麦などを植える二毛作をおこなっていた。

　い．牛馬や鉄製のくわで田畑を耕していた。

　う．草や灰を肥料として用いていた。

　え．脱穀をするために，とうみや千歯こきを使っていた。

（5）次のa〜dの文の中から「豊臣秀吉」がおこなったことを二つ挙げ，その正しい
組合せを選びなさい。

　　a．元の軍を撃退した。　　　　　　b．蘭学を広めた。
　　c．農民から武器を取り上げた。　　d．朝鮮に兵を送った。

　あ．（aとb）　　　　い．（aとc）　　　　う．（aとd）

　え．（bとc）　　　　お．（bとd）　　　　か．（cとd）

（6）このころに幕府がおこなったこととして，誤って述べたものを選びなさい。

　　あ．大名に，江戸と領地の間を一年おきに行き来することを命じた。

　　い．琉球王国を攻めほろぼし，琉球を直接支配した。

　　う．日本人が海外に渡ることも，海外から帰ることも禁止した。

　　え．キリストやマリアの像をふませ，キリスト教の取りしまりを強めた。

（7）次の表は，江戸中期～明治初期の「全国と広島県（安芸地方と備後地方）の人口の変化」を，1721年の人口を100として表して比較したものです。この表から読み取れることを下のa～dから考え，正しい組合せを選びなさい。

		1721年	1750年	1786年	1822年	1834年	1840年	1872年
全　国		100	99	96	102	104	99	127
広島	安芸（県西部）	100	110	126	151	160	146	185
	備後（県東部）	100	96	95	107	112	107	142

（関山直太郎の研究などにより作成）

　　a．全国の人口は，江戸中期～幕末まで，大きな変化は見られず停滞している。

　　b．広島県西部の人口は著しく増加し，明治初期まで一貫して増え続けている。

　　c．広島県東部の人口の変化は，全国の人口の変化と全体として類似している。

　　d．広島県全体の人口は，明治初期には江戸中期の2倍以上増加している。

　　あ．（aとc）　　　い．（bとd）　　　う．（aとd）　　　え．（bとc）

（8）この年から14年間老中をつとめた「阿部正弘」が，幕府最大の課題として取り組んだ，1852年～55年ころに生じた緊急事態として最も適切なものを選びなさい。

　　あ．多発する百姓一揆の鎮圧　　　　　い．幕府の財政のたて直し

　　う．欧米列強の開国要求への対応　　　え．上昇する物価の安定

（9）「山陽鉄道」は，1888年から9年計画で神戸から赤間関（現下関）までの工事が始まり，1894年6月にやっと広島市まで開通しました。この鉄道の延伸と関係の深い出来事を選びなさい。

　　あ．日清戦争　　　い．条約改正交渉　　　う．日露戦争　　　え．自由民権運動

（10）「米騒動」は全国で起こり，これをきっかけにさまざまな社会運動が高まります。このころの社会運動について正しく述べたものを選びなさい。

　　あ．田中正造が足尾鉱毒事件に取り組むなど，各地で公害反対運動が起きた。

　　い．全国水平社が創設され，女性の地位の向上を求める運動をすすめた。

　　う．職業や学歴による選挙権の制限の撤廃を求める動きが活発になった。

　　え．労働者の生活を守る運動がすすみ，労働組合の全国組織もできた。

（11）「原子爆弾を投下された広島」について述べた次のa～cの各文の正誤を考え，その正誤について正しく示したものを選びなさい。

　　a．建物取壊しの片付けなどに動員された中学生や女学生が犠牲となった。

　　b．原子爆弾投下後，「黒い雨」が降り，多くの人が放射能を浴びた。

　　c．終戦後すぐに，国の責任で被爆者の医療等をおこなう法律ができた。

　　あ．（aのみ誤）　　　い．（bのみ誤）　　　う．（cのみ誤）　　　え．（すべて正）

（12）「アジア大会」開催とその前後の広島県に関係する次のa～dの出来事を，古いものから年代順に正しく並べたものを選びなさい。

　　a．アジア大会が開催された。　　　b．第51回国民体育大会（夏季）が開催された。

　　c．新しい広島空港が開港した。　　　d．山陽自動車道が県内全線開通した。

　　あ．b→a→d→c　　　い．b→d→a→c　　　う．c→a→b→d

　　え．c→b→a→d　　　お．d→c→a→b　　　か．d→a→c→b

※30点満点
（配点非公表）

解　答　らん

1

(1)	A		B		C		D	

(2)	(x)		(y)		(3)	①		②	

2

(1)		(2)		(3)		(4)		(5)	
(6)		(7)		(8)		(9)			

3

(1)		(2)		(3)		(4)		(5)	
(6)		(7)		(8)		(9)		(10)	
(11)		(12)							

平成24年度　　算　数　　（3枚のうち，その1）

(注意)　(1)　答えは解答用紙にかきなさい。

　　　　(2)　答えが整数にならないときは，小数で答えても分数で答えても
　　　　　　よろしい。

(50分)

1　次の □ の中にあてはまる数を答えなさい。

(1)　底面が半径4cmの円で，高さが10cmの円柱があります。
　　円周率を3.14として，この円柱の体積を計算すると □ cm³です。

(2)　ある日の地球と太陽のきょりを1億4940万kmとして，それと同じ
　　きょりを，秒速8.3kmのスペースシャトルで行くと，かかる時間は
　　ちょうど □ 時間です。

(3)　右の図のような台形ABCDがあります。
　　直線ABと直線BCと直線CDの長さの和は
　　3mです。
　　　この台形ABCDの面積は □ m²です。

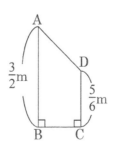

(4)　会員が38人いる子ども会の行事で，全員にアメを5個ずつ配る予定で，
　　190個のアメを用意していました。しかし，実際に行事に参加したのは，
　　会員のうちの □ア 人だけでした。
　　　そこで，参加した □ア 人全員に，できるだけたくさんのアメを
　　同じ個数ずつ配ったところ，アメが8個だけ残りました。
　　□ア にあてはまる整数を小さい順に全部かくと， □ です。

(5)　A地点からB地点まで行くときの時速を x km，かかる時間を y 時間と
　　すると，y は x に反比例しています。
　　　下の表は，時速 x kmとかかる時間 y 時間の関係を表したものです。

時　速　x(km)	(ア)	2.1	4.2	(ウ)	25.2
かかる時間y(時間)	32.4	(イ)	5.4	1.8	(エ)

　　表の (ア) にあてはまる数は □ ， (イ) にあてはまる数は □ ，
　　(ウ) にあてはまる数は □ ， (エ) にあてはまる数は □ です。

(6)　右の図のように，三角形ABCと
　　長方形PQRSが重なっています。
　　点A，点P，点B，点Qは同じ直線の上にあります。
　　　三角形ABCの底辺ABの長さは24cmで，
　　高さは直線QRの長さと等しくなっています。
　　　図のななめの線をつけた部分の面積は，
　　三角形ABCの面積の $\frac{1}{3}$ にあたり，
　　長方形PQRSの面積の $\frac{2}{7}$ にあたります。

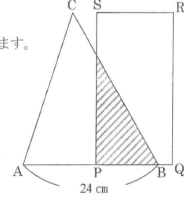

①　三角形ABCの面積と長方形PQRSの面積の比をできるだけ
　　かんたんな整数の比で表すと， □ : □ になります。

②　直線PQの長さは □ cmです。

2　下のような表があり，次のようなきまりにしたがって，次々に数字を
かいていきます。

まず最初に，1番目のらんに1をかき，2番目のらんに2をかきます。

次に，3番目のらんには，1番目のらんにかいた数と2番目のらんにかいた
数の和の一の位の数字をかきます。

同じように，4番目のらんには，2番目のらんにかいた数と3番目のらんに
かいた数の和の一の位の数字をかきます。

このように，直前にかいた2つの数の和の一の位の数字を次のらんにかく
というきまりにしたがって，次々に数字をかいていき，1234番目のらんに
数字をかいたところで，数字をかくのをやめることにします。

1番目	2番目	3番目	4番目	5番目	6番目	7番目	…	1234番目
1	2	3	5	8	3	1	…	

次の　□　の中にあてはまる数を答えなさい。

(1)　はじめて0をかくのは，　□　番目のらんです。

(2)　はじめて7を2個続けてかくのは，15番目と16番目のらんですが，
はじめて1を2個続けてかくのは，　(ア)　番目と　(イ)　番目のらんです。

(3)　1233番目のらんにかく数字は　(ウ)　で，1234番目のらんにかく数字は
　(エ)　です。

(4)　1番目のらんから1234番目のらんまでにかく1234個の数字のうち，
7は全部で　□　個あります。

3　S地点からG地点までの道のりは10 kmです。

Aさんは，S地点を出発して，時速a kmでG地点に向かって1時間だけ
進み，次に向きを変えて，時速b kmでS地点の方へ1時間だけもどります。
さらにまた向きを変えて，時速a kmでG地点に向かって1時間だけ進み，
同じようにまた向きを変えて，時速b kmでS地点の方へ1時間だけもどり
ます。

このように，Aさんは，S地点を出発して，1時間でa km進んで，
1時間でb kmもどることをくり返し，S地点とG地点の間を移動します。
Aさんは，G地点にとう着したところで移動するのをやめます。

次の　□　の中にあてはまる数を答えなさい。

(1)　aの値が3で，bの値が2であるとき，Aさんは，S地点を出発してから
ちょうど　□　時間後に，G地点にとう着します。

(2)　aの値が3で，bの値が$\dfrac{3}{2}$であるとき，Aさんは，S地点を出発して
から　□　時間　□　分後に，G地点にとう着します。

(3)　aの値が$\dfrac{10}{3}$で，bの値が$\dfrac{3}{2}$であるとき，Aさんは，S地点を出発して
から　□　時間　□　分後に，G地点にとう着します。

(4)　aの値が3で，bの値が　□　であるとき，Aさんは，S地点を出発して
からちょうど25時間後に，G地点にとう着します。

解　答　用　紙　　　　　※40 点満点
（配点非公表）

1

(1) ☐ cm³

(2) ☐ 時間

(3) ☐ m²

(4) ☐

(5) (ア) にあてはまる数 ☐

(イ) にあてはまる数 ☐

(ウ) にあてはまる数 ☐

(エ) にあてはまる数 ☐

(6) ① ☐ : ☐

② ☐ cm

2

(1) ☐ 番目

(2) (ア) ☐ 番目と (イ) ☐ 番目

(3) (ウ) ☐ , (エ) ☐

(4) ☐ 個

3

(1) ☐ 時間後

(2) ☐ 時間 ☐ 分後

(3) ☐ 時間 ☐ 分後

(4) ☐

理　　科

3枚のうち，その1

（注意）　答えはすべて解答らんに記入しなさい。

1 3月21日，福山で，右の図のような装置で太陽の1日の動きを調べました。図は午前10時ごろのようすを示したもので，ア〜エの記号には，東西南北のいずれかが入ります。この日は，昼前から雲が多くなり，正午ごろと午後2時ごろのかげのようすを調べることができませんでした。そこで次の日（3月22日）にもう一度調べました。この日は朝から1日中よく晴れていました。次の各問いに答えなさい。

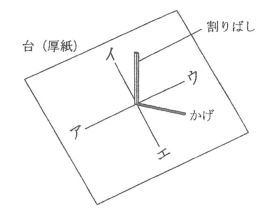

(1)　図で，北と西はア〜エのどれですか。それぞれ記号で答えなさい。

(2)　3月22日の正午ごろ，太陽は割りばしの位置から見てどの方向にあると考えられますか。ア〜エの中から1つ選び，記号で答えなさい。

(3)　3月22日の正午ごろと午後2時ごろのかげの長さは，どちらが長いと考えられますか。また，正午ごろと午後2時ごろの太陽の高さは，どちらが高いと考えられますか。

(4)　天気のうち「晴れ」と「くもり」は，雲の量で決められています。3月21日の正午ごろの雲の量は，空全体の広さを10としたとき，7でした。この日の正午ごろの天気は「晴れ」と「くもり」のどちらですか。

3月21日と22日の2日間をふくむ連続した5日間の気温の変化を記録温度計で調べると，下のグラフのようになっていました。

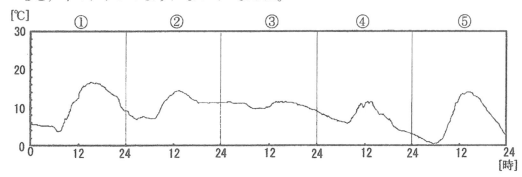

(5)　記録温度計は，気温を正しくはかるためにつくられている（　A　）の中に置かれています。（　A　）にあてはまることばを漢字で答えなさい。

(6)　温度計を使って正確に気温をはかるためには，どのようなことに注意したらよいですか。次の中からあてはまるものをすべて選び，ア〜オの記号で答えなさい。

　ア．風通しのよいところではかる。

　イ．できるだけ地面に近いところではかる。

　ウ．地面から1.2m〜1.5mの高さではかる。

　エ．日光が直接当たらないようにしてはかる。

　オ．できるだけ風のあたらないところではかる。

(7)　3月21日は，記録温度計のグラフのどの部分になりますか。①〜⑤の番号で答えなさい。

2 体内での食べ物の変化を調べるために，次の実験をしました。あとの各問いに答えなさい。

＜実験＞

　①　2本の試験管（試験管Aと試験管B）に，うすいでんぷんの液を入れる。

　②　そのうち1本の試験管Aだけに，だ液をストローで少量入れる。

　③　2本の試験管を，体温に近い温度の湯（約40℃）であたためる。

　④　2本の試験管に，でんぷんがあるかどうかを調べる薬品を加える。

(1)　だ液や胃液のような，食べものを体内に吸収されやすいものに変化させる液を何といいますか。漢字で答えなさい。

(2)　でんぷんがあるかどうかを調べる薬品について，正しく説明している文はどれですか。次のア〜エの中から1つ選び，記号で答えなさい。

　ア．無色とう明で，でんぷんをふくむ液に加えると，青むらさき色になる。

　イ．無色とう明で，でんぷんをふくまない液に加えると，青むらさき色になる。

　ウ．うすい茶色で，でんぷんをふくむ液に加えると，青むらさき色になる。

　エ．うすい茶色で，でんぷんをふくまない液に加えると，青むらさき色になる。

(3)　この実験では，だ液を入れた方の試験管Aは，④の操作による色の変化がみられませんでした。だ液のはたらきとして，この実験からわかることは何ですか。次のア〜エの中から1つ選び，記号で答えなさい。

　ア．だ液には，でんぷんを別のものに変えるはたらきがある。

　イ．だ液には，お湯と同じはたらきがある。

　ウ．だ液には，すべての養分を別のものに変えるはたらきがある。

　エ．だ液には，水，空気，適当な温度条件がそろわなくても，でんぷんをつくるはたらきがある。

(4) ヒトの消化管のようすとして，正しい図はどれですか。次のア～エの中から1つ選び，記号で答えなさい。

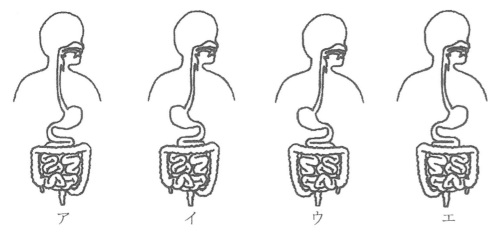

ア　　　　　イ　　　　　ウ　　　　　エ

(5) 次の文章の①～③に入ることばを答えなさい。

消化管で吸収された養分は，血液によって全身に運ばれる。血液は心臓のはく動により全身に送られている。はく動の回数をちょうしん器で確かめると，手首や首すじの（　①　）の回数とほぼ同じになる。からだの中でいらなくなったものは，（　②　）でにょうとなる。にょうはしばらく（　③　）にためられ，体外にはい出される。

3 ものが燃えるときのようすを調べるために，びんとろうそくを使って，次の実験をしました。あとの各問いに答えなさい。

<実験>

① A～Cの3本のびんを用意し，Aには空気，Bには酸素，Cにはちっ素を満たす。

② 図1のように，それぞれのびんの中に，火のついた同じ大きさのろうそくを入れてふたをする。

③ それぞれのびんの中の，ろうそくの燃え方を観察する。

図1

板をアルミニウムはくで包んだふた

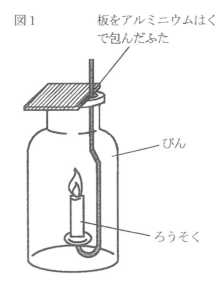

びん

ろうそく

(1) A～Cのろうそくの燃え方はどのようになりますか。燃え方が激しい方から順に，A～Cの記号をならべて答えなさい。

(2) 安全に実験をおこなうには，図1のやり方ではじゅうぶんではありません。どのように改善すれば良いですか。「，」や「。」もふくめて10字以内で答えなさい。

(3) ろうそくの火が消えたあとの，A，Bのびんの中の酸素と二酸化炭素の量は，ろうそくを入れる前とくらべて，どのようになりますか。次の表のa～dにあてはまるものを，下のア～エの中からそれぞれ1つずつ選び，記号で答えなさい。ただし，必要ならば同じ記号を何回使ってもかまいません。

Aのびん		Bのびん	
酸素の量	二酸化炭素の量	酸素の量	二酸化炭素の量
（　a　）	（　b　）	（　c　）	（　d　）

ア．多くなった　　　　イ．変わらなかった
ウ．少なくなった　　　エ．なくなった

(4) びんの中に二酸化炭素があるかないかを調べることができる薬品の名前を1つ答えなさい。

(5) 図2は，酸素を発生させる装置です。図のア，イの薬品の名前を書きなさい。また，アの入っている器具の名前を書きなさい。

図2

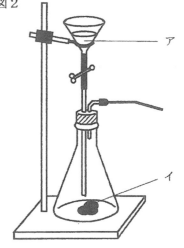

ア

イ

4 学校の授業でてこについて学び，興味をもった花子さんは，てこについて調べたり，実験をしたりしました。次の各問いに答えなさい。ただし，実験で用いる棒や糸の重さは考えないものとします。

(1) 図1のように，長さ50cmの棒の左はしに鉄でできたおもりAを，右はしに鉄でできたおもりBをつけました。棒の中央に糸を結び，天井からつるすと，棒は水平になりました。

① 棒の中央の，糸を結んだ点を何といいますか。漢字で答えなさい。

図1

糸

棒

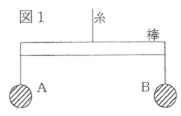

A　　　　　B

② 図2のように，おもりAの下に電磁石を近
づけました。電磁石に，図の矢印の向きに電
流を流すと，棒はどのようになりますか。次
のア，イの中から1つ選び，記号で答えさな
い。

　ア．おもりAが下になるように棒がかたむく。
　イ．おもりBが下になるように棒がかたむく。

③ ②の後，電池を取り外して棒を水平にもど
し，図2とは逆の向きに電池をつないで，電
磁石に電流を流しました。このとき棒はどの
ようになりますか。②のア，イの中から1つ
選び，記号で答えなさい。

(2) 図3のように，長さ110cmの棒に，5cm
ごとに穴をあけ，左はしから5cmの穴に
アルミニウムでできた重さ30gのカップ
を，右はしから5cmの穴にガラスででき
た重さ20gのカップを取りつけました。

① カップに何も入れずに，穴に糸をつ
けて棒をつるしたとき，棒が水平にな
るようにしたいと思います。糸は棒の
左はしから何cmの穴につければよいで
すか。

② ①の後，棒をつるす糸をはずして，両方のカップの中に水を25gずつ入れま
した。棒を水平につるすためには，糸は棒の左はしから何cmの穴につければよ
いですか。

(3) てこを使ったものを調べてみると，解答らんの図のような形をしたせんぬきが
ありました。図は，横から見た図です。このせんぬきの作用点を図に○印でかき
いれなさい。また，図の●の位置に力を加えました。力を加えた向きを図に矢印
でかきいれなさい。

図2

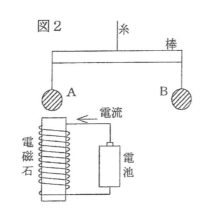

図3

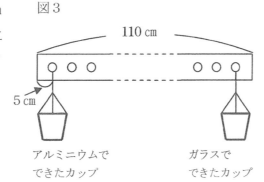

110cm

5cm

アルミニウムで
できたカップ　　　ガラスで
　　　　　　　　できたカップ

解　答　ら　ん

※30点満点
（配点非公表）

1

(1)	北：　　　　　西：	(2)	
(3)	かげの長さ： 太陽の高さ：	(4)	
(5)		(6)	(7)

2

(1)		(2)		(3)		(4)	
(5)	①		②		③		

3

(1)	→　　→	(2)							
(3)	a		b		c		d	(4)	
(5)	薬品ア　　　　　　　　薬品イ 器具								

4

(1)	①		②		③	
(2)	①	cm	(3)			
	②	cm				

社　会（その1）

※解答は，すべて解答らんに書きなさい。

1 次の(1)～(3)の問いに答えなさい。

(1) 日本の自然について，右の地図を見て，①・②の問いに記号で答えなさい。

① 地図中の太線は山地・山脈です。AとBにあたる山地・山脈名を次のあ～かからそれぞれ選びなさい。
あ. 越後山脈　　　い. 奥羽山脈
う. 紀伊山地　　　え. 関東山地
お. 赤石山脈　　　か. 木曽山脈

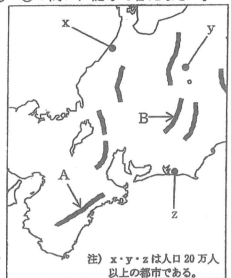

注）x・y・zは人口20万人以上の都市である。

② 地図中のx・y・zは都市を示します。x～zの気候を比べた時に，yにあてはまらないことをあ～えから一つ選びなさい。
あ. 1月の降水量が最も多い。
い. 一年間の降水量が最も少ない。
う. 1月と8月の平均気温の差が最も大きい。
え. 一年間の平均気温が最も低い。

(2) ①～③にあるア～ウの文の正誤を適切に示したものを，次のあ～かから一つずつ選び，その記号を答えなさい。

> あ. アのみ正しい　　　い. イのみ正しい　　　う. ウのみ正しい
> え. アのみ誤り　　　　お. イのみ誤り　　　　か. ウのみ誤り

① 次の各文は，これまでの日本の米作りに関する文です。
ア. 寒さに強い品種や病害虫に強い品種，味のよい品種の開発をするなど，品種改良に取り組んできた。
イ. 米の消費量が減り古米の在庫量が増えてきたので，田だった場所に米以外のものを作る転作が進められてきた。
ウ. 生き物や環境への悪影響が出るので，農薬や科学肥料を使う農業が禁止され，有機農法をおこなうことが法律で義務づけられた。

② 次の各文は，日本の漁業に関する文です。
ア. 暖流と寒流がぶつかる潮目は，魚のエサとなるプランクトンが豊富で，そこではさまざまな種類の魚がたくさんとれる。
イ. 世界の国々が200海里経済水域を設定したので，自国の経済水域の中でしか漁業ができなくなり，遠洋漁業は近年おこなわれていない。
ウ. 漁かく量を増やすため，さいばい漁業がおこなわれており，育てた魚を海に放流している。

③ 次の各文は，日本の工業に関する文です。
ア. 第二次世界大戦前の工業化が進んだ時期，九州地方南部の太平洋側の都市では，戦争で得た賠償金をもとに大規模な製鉄所が建設された。
イ. 第二次世界大戦後の工業化が進んだ時期，中部地方の日本海側の都市では，工場からのはい水が原因となる大規模な公害が発生した。
ウ. 第二次世界大戦後の工業化が進んだ時期，四国地方の瀬戸内海側では，工業地域が発達した。

(3) 身近な地域の調査に関して，①～④の問いに記号で答えなさい。

① 右の地図の城跡からさまざまな建物の方角を調べた時にわかることとして，誤っているものを一つ選びなさい。
あ. 市役所は北東にある。　　い. 神社は西にある。
う. 学校は南にある。　　　　え. 病院は東にある。

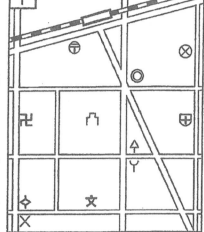

② 右の地図から読み取れることとして，正しく述べたものを一つ選びなさい。
あ. 郵便局よりも市役所の方が駅から近い。
い. 駅の北側の土地には，発電所がある。
う. 警察署と消防署は，道路をはさんでとなり合っている。
え. 学校から道路を通って，最短距離で駅まで行く途中に，左側に城跡が見える。

③ 身近にある施設に関して，誤って述べたものを一つ選びなさい。
あ. コンビニエンスストアには，電気の料金をはらったり，宅配便をたのんだりすることができるところがある。
い. クリーンセンター（ごみ処理場）は，集めたごみを燃やしたり，資源として再利用するためにごみの分別をおこなったりしている。
う. 浄水場は，家庭からの下水を集め，消毒がすんだ水を川に流している。
え. 交番は，町のパトロールのほか，祭りなどの大きな催しがおこなわれるときには交通整理などをしている。

④ 調査に使うさまざまな地図に関して，誤って述べたものを一つ選びなさい。
あ. 等高線の示された地図があれば，その場所の断面図をかくことができる。
い. 同じ大きさの地図であれば，縮尺が20万分の1の地図よりも5万分の1の地図のほうが，広い範囲のことがわかる。
う. 同じ場所の土地利用が示された古い地図と新しい地図とを見比べることで，その場所の土地利用の変化がわかる。
え. 同じ場所の交通の地図と人口分布の地図とを見比べることで，人口の多いところには鉄道や道路が集まっているという関係がわかる。

社　会（その2）

2 (1)～(5)にあるア～ウの文の正誤を適切に示したものを，次の**あ～く**から一つずつ選び，その記号を答えなさい。

> **あ**．すべて正しい　　**い**．アのみ正しい　　**う**．イのみ正しい　　**え**．ウのみ正しい
> **お**．すべて誤り　　**か**．アのみ誤り　　**き**．イのみ誤り　　**く**．ウのみ誤り

(1)次の各文は，日本の平和主義と現在の状況に関する文です。
　ア．戦争による原爆の被害を受けた世界で唯一の国として，核兵器による悲劇を二度とくりかえさないために，非核三原則を決めている。
　イ．自衛隊は，日本の平和と独立を守るために設けられているので，これまでに自衛隊が外国に派遣されたことはない。
　ウ．沖縄県だけにアメリカ軍の基地がおかれているので，沖縄の住民が，基地を少なくしてほしいという運動をおこなっている。

(2)次の各文は，日本の内閣や内閣総理大臣に関する文です。
　ア．内閣は，憲法に定められた天皇の仕事に対する助言と承認をおこなう。
　イ．内閣総理大臣は，国会で国会議員の中から選ばれる。
　ウ．昨年，内閣総理大臣が交代し，政権をになう政党がかわった。

(3)次の各文は，市町村の政治に関する文です。
　ア．市町村の政策は，市町村長や市町村議会の議員を中心に決められるが，重要な政策については，住民投票をおこなうことがある。
　イ．市町村議会の議員を選ぶ選挙には25歳から立候補できるが，市町村長を選ぶ選挙には30歳にならないと立候補できない。
　ウ．多くの市町村は，政治をおこなうために必要な収入が，住民の納める税金だけでは十分でないため，国から補助金を受け取っている。

(4)次の各文は，日本と世界のつながりに関する文です。
　ア．江戸幕府の将軍が代わるごとに，朝鮮通信使といわれる使節団が江戸に派遣され，途中，各地で歓迎された。
　イ．文明開化の時代，横浜などの西洋文化がいち早く取り入れられた港町では，ガス灯が設置されたりレンガ造りの建物がつくられたりした。
　ウ．外務大臣陸奥宗光は，諸外国とのねばり強い交渉の末，治外法権の撤廃を実現した。

(5)次の各文は，日本で開かれた国際的な大会や催しに関する文です。
　ア．サッカー・ワールドカップが北朝鮮（朝鮮民主主義人民共和国）と共同で開催された。
　イ．大阪で万国博覧会（万博）が開催された。
　ウ．東京・札幌でオリンピックが開催された。

3 ひろ子さんのクラスでは，北広島町の「壬生の花田植」がユネスコの無形文化遺産に登録されたことを知り，各班でそれについて調べることにしました。それらをまとめたものが，次の表です。表の内容をよく読んで，問いに答えなさい。答えを選ぶ問いは，**あ～え**から一つ選び，その記号を答えなさい。

1班	ユネスコは，教育・科学・文化の協力と交流を通じて，国際平和にこうけんすることを目的とする国際連合の専門機関である。ユネスコは，文化に関する活動として，世界遺産や無形文化遺産，世界記おく遺産の事業を主さいしている。
2班	無形文化遺産には，「壬生の花田植」のような伝統芸能や慣習のほかに，祭礼行事，伝統工芸技術などがある。「花田植」は，おはやしや田植歌に合わせてなえを植え，豊作を（　ア　）行事で，つらい農作業の（　イ　）という意味もある。
3班	北広島町は，広島県の西北部，中国山地のぼん地や高原が広がる芸北地方の真ん中にある町で，北は▢▢▢県と接している。町には2つの高速道路やいっぱん国道が通っている。町は自然条件や交通条件を生かした観光に力を入れている。

(1)1班が調べたことについて，①～③の問いに答えなさい。
①次の文はユネスコ憲章の前文の初めの部分です。文中の（　a　）（　b　）に入る漢字二字の語をそれぞれ答えなさい。ただし，（　a　）と（　b　）には，互いに反対の意味の語が入ります。

> （　a　）は人間の心の中に生まれるものであるから，人間の心の中に（　b　）のとりでを築かなければならない。・・・

②日本からも，いくつかの文化遺産や自然遺産が世界遺産に登録されています。世界遺産のある東北地方の県の組合せとして，正しいものを選びなさい。
　あ．宮城・青森　　**い**．青森・岩手　　**う**．岩手・栃木　　**え**．栃木・宮城
③昨年，筑豊炭鉱の仕事や暮らしを描いた「山本作兵衛の炭鉱画」が，日本から初めて「世界記おく遺産」に登録されました。日本の石炭利用について述べた次のa・bの文の正誤を，適切に示したものを選びなさい。
　a．明治時代の産業の急速な発展は，石炭によって支えられた。
　b．エネルギー資源の転換で，現在，石炭はほとんど使われていない。
　あ．両方とも正　　**い**．aのみ正　　**う**．bのみ正　　**え**．両方とも誤
(2)2班が調べたことについて，①～③の問いに答えなさい。
①日本の能楽や歌舞伎も無形文化遺産に登録されています。それらについて説明した次のa・bの文の正誤を，適切に示したものを選びなさい。
　a．能は三味線と語りに合わせて演じられる劇で，室町時代に完成された。
　b．歌舞伎は貴族の伝統文化から生まれたもので，江戸時代に発展した。
　あ．両方とも正　　**い**．aのみ正　　**う**．bのみ正　　**え**．両方とも誤
②「壬生の花田植」は初夏の伝統行事です。次の中から夏の行事や祭りではないものを選びなさい。
　あ．とんど（どんど）　　**い**．祇園祭　　**う**．七夕祭り　　**え**．盆踊り

③表中の（ ア ）（ イ ）に入る語句の組合せとして，最も適切なものを選びなさい。
　　a . 感謝する　　　b . 願う　　　c . 終わった後の娯楽　　　d . 能率をあげる工夫
　　あ.（ア＝a，イ＝c）　**い**.（ア＝a，イ＝d）　**う**.（ア＝b，イ＝c）　**え**.（ア＝b，イ＝d）
（３）３班が調べたことについて，①～③の問いに答えなさい。
　①表中の　　　に入る県の名を，漢字で答えなさい。
　②北広島町では，自然の力を利用した環境にやさしい新エネルギーの利用に取り
　　組んでいます。自然の力を利用した発電方法ではないものを選びなさい。
　　あ.廃棄物発電　　　　**い**.地熱発電　　　**う**.太陽光発電　　　**え**.小水力発電
　③３班は，表の内容をよりわかりやすくするために，北広島町を中心とする地図
　　を用意することにしました。用意する必要がないものを選びなさい。
　　あ.町にある観光施設の場所を示す地図　　　**い**.町の地形がわかる地図
　　う.町にある学校の場所を示す地図　　　　　**え**.町を通る主要道路の地図

4 次の文章を読み，下線部の番号に対応したそれぞれの問いに答えなさい。
　　解答は，**あ～え**から一つずつ選び，その記号を答えなさい。

> 　花子さんは(1)ある都市を訪れました。駅から堀川通を北に進むと，(2)西本願寺に着きました。そこからさらに北上すると，左側に江戸時代の将軍が宿泊したといわれる(3)二条城が現れました。二条城を過ぎてしばらく進み，右に曲がって東に行くと，御所のある広大な公園が現れました。さらに，東へ向かって歩くと，右手に(4)大きな大学が見えました。さらに東に進むと，石や砂をたくさん使った庭園で有名な(5)慈照寺という寺院に着きました。

（１）この都市には，室町幕府という武士の政権が置かれたことがあります。日本の
　　歴史の中で，鎌倉幕府が成立してから江戸幕府が滅びるまでの，武士が活躍し
　　た期間は，明治時代がはじまってから現在までの期間の何倍ですか。最も近い
　　ものを選びなさい。
　　あ.4.7倍　　　　**い**.6.7倍　　　　**う**.8.7倍　　　　**え**.9.7倍
（２）この寺院と東本願寺は，現在の地に建立される前，石山本願寺という一つの寺
　　院でした。石山本願寺があった府県を選びなさい。
　　あ.愛知県　　　　**い**.大阪府　　　**う**.福井県　　　**え**.滋賀県
（３）この城が落成（完成）した直後，将軍に就任したばかりの徳川家康が初めて入城
　　しました。このできごとがあった世紀を選びなさい。
　　あ.１５世紀　　　**い**.１６世紀　　　**う**.１７世紀　　　**え**.１８世紀
（４）この大学で学んだ湯川秀樹がノーベル物理学賞を受賞した1949年，南アジアの

ある国が独立しました。この国の現在の王であるワンチュク国王は，東日本大
震災後初の国賓として昨年来日しました。この国の名称を選びなさい。
（「国賓」とは，国の正式な客としてお迎えした外国人のこと。）
　あ.スペイン　　　　**い**.タイ　　　　**う**.ブータン　　　**え**.サウジアラビア
（５）この寺院の中には，銀閣という有名な建物があります。この寺院が建てられた
　　ころの社会のようすとして正しいものを選びなさい。
　　あ.紫式部が『源氏物語』を書いた。　　　**い**.鑑真が来日し仏教を伝えた。
　　う.伊能忠敬が日本地図をつくった。　　　**え**.雪舟が水墨画を大成した。

解 答 ら ん

※30点満点
（配点非公表）

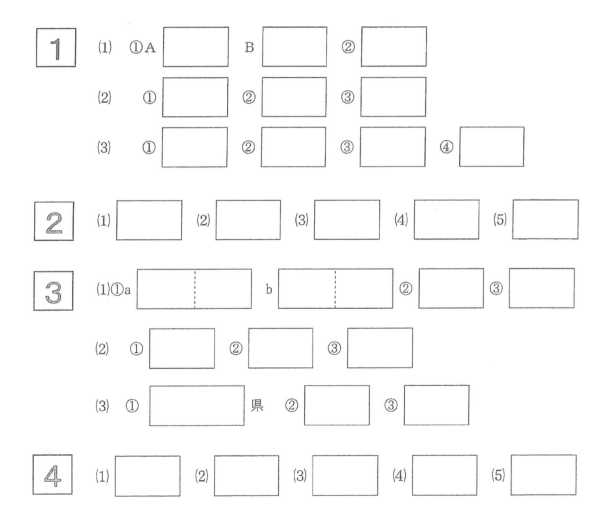

1
（1）①A □　　B □　　② □
（2）① □　　② □　　③ □
（3）① □　　② □　　③ □　　④ □

2
（1）□　（2）□　（3）□　（4）□　（5）□

3
（1）①a □ ┊ b □　② □　③ □
（2）① □　② □　③ □
（3）① □ 県　② □　③ □

4
（1）□　（2）□　（3）□　（4）□　（5）□

（注意）　(1)　答えは解答用紙に書きなさい。

　　　　　(2)　答えが整数にならないときは，小数で答えても分数で答えてもよろしい。

（50分）

1 次の □ の中にあてはまる数を答えなさい。

(1)　$7.3 - 2.4 \times 1.5 + 6.8$ を計算すると，答えは □ です。

(2)　30 と 16 の最小公倍数と，48 と 72 の最大公約数をかけると，答えは □ です。

(3)　時速 245 km の新幹線が ある道のりを行くのに a 分かかるとき，それと同じ長さの道のりを時速 105 km の電車で行くと，a 分の □ 倍の時間がかかります。

(4)　A 中学校のあるクラスには 40 人の生徒がいて，そのうち 22 人が男子で，18 人が女子です。このクラスの男子生徒の人数は，A 中学校の男子生徒全体の人数の 8 % にあたり，このクラスの女子生徒の人数は，A 中学校の女子生徒全体の人数の 9 % にあたります。このとき，A 中学校の男子生徒全体の人数と A 中学校の女子生徒全体の人数の比をできるだけかんたんな整数の比で表すと □ : □ です。

(5)　図のような，2 種類の図形 A，B があります。図形 B を 4 つ使って図1の図形をつくることができます。図形 A を 2 つ，図形 B を 6 つ使って，図2の図形をつくりました。円周率を 3.14 として計算すると，図2の図形の外側のふちの長さは，内側のふちの長さより □ cm 長いことがわかります。

A
10 cm

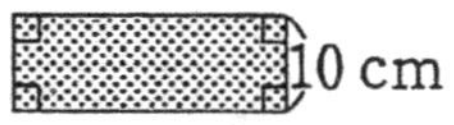

B
10 cm
20 cm

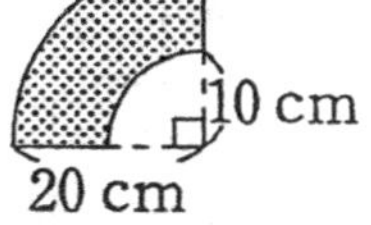

図1
円周

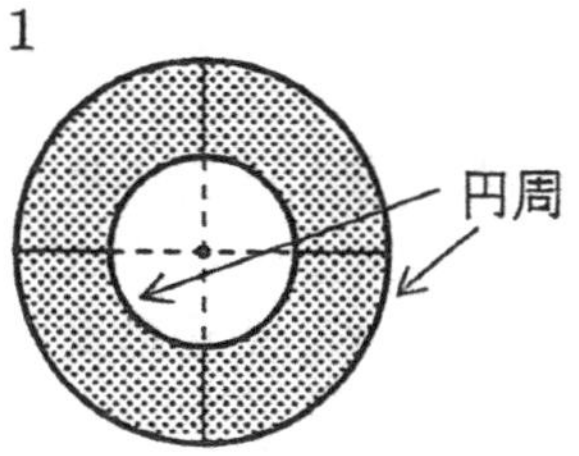

図2
外側のふち
内側のふち

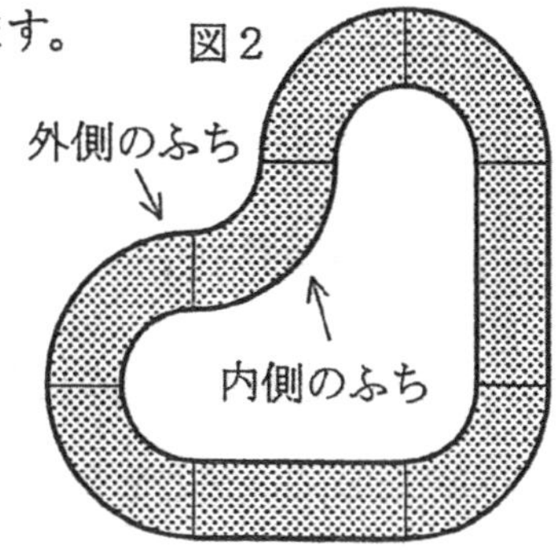

(6)　右の式の あ，い，う に3個の数字 3，4，5 をそれぞれあてはめて正しく計算します。

$$\frac{2}{\boxed{あ}} + \frac{\boxed{い}}{\boxed{う}}$$

3，4，5 の数字はすべてを1回ずつ使うことにします。

たとえば，あ に 3 を，い に 4 を，う に 5 をそれぞれあてはめると，

$\frac{2}{3} + \frac{4}{5}$ を計算することになります。このように，3個の数字を あ，い，う のどこにあてはめるかによって，計算した答えはいろいろあります。

その中で，もっとも大きい答えは （ア） で，もっとも小さい答えは （イ） です。

(7)　右の図のような，2つの直方体を合わせた形の水そうと2つの水道 A，B があります。水道 A からは毎分 50 L の割合で，水道 B からは毎分 100 L の割合で水そうに水を入れることができます。
　水そうはうすい板で作られていて，水平に置いてあります。板の厚さは考えないものとします。

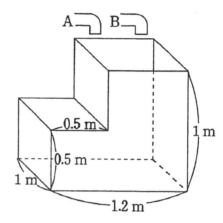

①　この水そうの容積は □ m³ です。

②　この水そうに，水が入っていない状態から，水道 A だけを用いて水を入れると，水を入れ始めてからちょうど （ア） 分後に水そうは満水になります。

　また，この水そうに，水が入っていない状態から，水道 A と水道 B の両方を同時に用いて水を入れると，水を入れ始めてから （イ） 分 （ウ） 秒後に水そうは満水になります。

③　この水そうに，水が入っていない状態から，まず，水道 A だけを用いて 40 秒間 水を入れ，次に，水道 B だけを用いて 40 秒間 水を入れ，次に，水道 A だけを用いて 40 秒間 水を入れ，…というように，水道 A と水道 B を交ごに 40 秒間ずつ用いて水を入れると，水を入れ始めてから □ 分 □ 秒後に水そうは満水になります。

2　A地点からB地点までの道のりは300m，B地点からC地点までの道のりは200m，C地点からD地点までの道のりは200m，D地点からE地点までの道のりは200mです。兄と弟は，A地点を出発し，B地点，C地点，D地点をこの順に通り，E地点までそれぞれの台車を押しながら進みます。B地点，C地点，D地点では荷物を積むことができ，荷物を積むときには，積む荷物の個数にかかわらず20秒かかります。荷物を積まないときには，この時間はかかりません。

　　また，兄と弟が進む速さは，それぞれの台車に乗っている荷物の個数によって下の表のようにかわります。ただし，台車に荷物が乗っていないときは，乗っている荷物の個数は0個と考えます。兄と弟は，A地点ではともに台車に荷物を乗せていません。

台車に乗っている荷物の個数(個)	0	1	2	3	4	5	6	7	8	9
分速(m)	100	90	80	70	60	50	40	30	20	10

A────300m────B────200m────C────200m────D────200m────E

荷物　台車
荷物　荷物

次の □ の中にあてはまる数を答えなさい。

(1)　兄がA地点を出発し，B地点で荷物を1個積んで，E地点まで進むとすると，兄がA地点を出発してからE地点にとう着するまでにかかる時間は，ちょうど □ 分です。

(2)　弟がA地点を出発し，B地点で荷物を2個積み，C地点でさらに荷物を5個積んで，E地点まで進むとすると，弟がA地点を出発してからE地点にとう着するまでにかかる時間は □ 分 □ 秒です。

(3)　兄はA地点を出発し，B地点で荷物を2個積み，C地点でさらに荷物を3個積んで，E地点まで進みます。弟はA地点を出発し，B地点で荷物を6個積み，C地点でさらに荷物を1個積み，D地点でさらに荷物を1個積んで，E地点まで進みます。兄と弟がA地点を同時に出発すると，兄がE地点にとう着するときに，弟はE地点まであと □ mの位置にいます。

3　1辺の長さが2cmの正方形は1辺の長さが1cmの正方形4個を組み合わせてつくることができます。1辺の長さが3cmの正方形は1辺の長さが2cmの正方形1個と1辺の長さが1cmの正方形5個の合計6個の正方形を組み合わせてつくることができます。このように，1つの正方形をそれより小さい正方形を組み合わせてつくります。正方形を重ねてはいけません。また，すき間があってはいけません。

　　次の □ の中にあてはまる数を答えなさい。その大きさの正方形を使わない場合には，□ の中には0をあてはめなさい。

　　また，(3)については，解答用紙の例にならって，正方形の組み合わせ方もかきなさい。組み合わせ方は何通りかありますが，そのうちの1つをかきなさい。

(1)　1辺の長さが5cmの正方形は，

1辺の長さが4cmの正方形 (ア) 個，1辺の長さが3cmの正方形 (イ) 個，

1辺の長さが2cmの正方形 (ウ) 個，1辺の長さが1cmの正方形 (エ) 個

の合計8個の正方形を組み合わせてつくることができます。

(2)　1辺の長さが9cmの正方形は，

1辺の長さが8cmの正方形 (ア) 個，1辺の長さが7cmの正方形 (イ) 個，

1辺の長さが6cmの正方形 (ウ) 個，1辺の長さが5cmの正方形 (エ) 個，

1辺の長さが4cmの正方形 (オ) 個，1辺の長さが3cmの正方形 (カ) 個，

1辺の長さが2cmの正方形 (キ) 個，1辺の長さが1cmの正方形 (ク) 個

の合計6個の正方形を組み合わせてつくることができます。

(3)　1辺の長さが7cmの正方形は，

1辺の長さが6cmの正方形 (ア) 個，1辺の長さが5cmの正方形 (イ) 個，

1辺の長さが4cmの正方形 (ウ) 個，1辺の長さが3cmの正方形 (エ) 個，

1辺の長さが2cmの正方形 (オ) 個，1辺の長さが1cmの正方形 (カ) 個

の合計9個の正方形を組み合わせてつくることができます。

1 (1) ☐

(2) ☐

(3) ☐ 倍

(4) ☐ : ☐

(5) ☐ cm

(6) (ア) ☐ ， (イ) ☐

(7) ① ☐ m³

② (ア) ☐ 分後

(イ) ☐ 分 (ウ) ☐ 秒後

③ ☐ 分 ☐ 秒後

2 (1) ☐ 分

(2) ☐ 分 ☐ 秒

(3) ☐ m

3 (1) (ア) ☐ ， (イ) ☐ ， (ウ) ☐ ， (エ) ☐

(2) (ア) ☐ ， (イ) ☐ ， (ウ) ☐ ， (エ) ☐ ，

(オ) ☐ ， (カ) ☐ ， (キ) ☐ ， (ク) ☐

(3) (ア) ☐ ， (イ) ☐ ， (ウ) ☐ ， (エ) ☐ ， (オ) ☐ ， (カ) ☐

例
1辺の長さが3cmの正方形を
1辺の長さが2cmの正方形1個と
1辺の長さが1cmの正方形5個の
合計6個の正方形を組み合わせて
つくる場合の1つの例

（注意）答えはすべて解答らんに記入しなさい。

（※理科と社会2科目合わせて50分）

1 植物の種子の発芽について，次の各問いに答えなさい。

(1) 右の図1は土に植えたインゲンマメの種子が発芽するようすを，図2はインゲンマメの種子をたてに割ったところを示しています。図1のA，Bの部分はそれぞれ，図2のア〜ウのどの部分にあたりますか。1つずつ選び，記号で答えなさい。

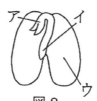

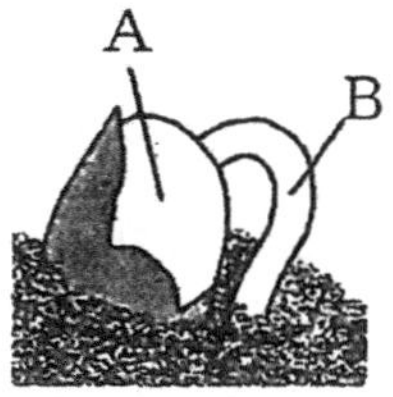

図1　　図2

(2) 次の文章中の（　ア　）〜（　ウ　）に適切な言葉を入れなさい。

　　図1のAの部分を発芽前に横に切り，切り口をうすい（　ア　）にひたすと青むらさき色に変化するが，発芽してしばらくたったAの部分を横に切り，切り口をうすい（　ア　）にひたしてもあまり変化しなかった。このことから，発芽前のAの部分には（　イ　）がふくまれているが，発芽してしばらくすると（　イ　）が少なくなることがわかる。これは，Aの部分にふくまれている（　イ　）が，発芽するときの（　ウ　）として使われたからである。

(3) とう明なプラスチックの容器にだっし綿をしき，インゲンマメの種子をまいて図3のあ〜うのようにしました。これらを用いて行った，次の【実験1】〜【実験3】について後の①〜③の問いに答えなさい。

あ　だっし綿に水をふくませない。
い　だっし綿に水をふくませる。
う　水を多く入れて，種子が空気にふれないようにする。

図3

【実験1】あといを1つずつ用意し，明るくてあたたかいところに並べて置く。

【実験2】いとうを1つずつ用意し，明るくてあたたかいところに並べて置く。

【実験3】いを2つ用意し，1つは明るくてあたたかいところに置き，もう1つは，とびらを閉めると中の明かりが消える冷ぞう庫の中に入れる。

① 【実験1】の結果と，それからわかることを次のア〜ウの中から1つ選び，記号で答えなさい。

ア．いだけが発芽するので，発芽には水が必要なことがわかる。

イ．あもいも発芽するので，発芽には水が必要ないことがわかる。

ウ．いだけが発芽するが，発芽に水が必要かどうかはわからない。

② 【実験2】の結果と，それからわかることを次のア〜ウの中から1つ選び，記号で答えなさい。

ア．いだけが発芽するので，発芽には空気が必要なことがわかる。

イ．いもうも発芽するので，発芽には空気が必要ないことがわかる。

ウ．いだけが発芽するが，発芽に空気が必要かどうかはわからない。

③ 【実験3】の結果と，それからわかることを次のア〜ウの中から1つ選び，記号で答えなさい。

ア．冷ぞう庫に入れなかった方だけが発芽するので，発芽には適当な温度が必要なことがわかる。

イ．冷ぞう庫に入れなかった方も，入れた方も発芽するので，発芽には適当な温度が必要でないことがわかる。

ウ．冷ぞう庫に入れなかった方だけが発芽するが，発芽に適当な温度が必要かどうかはわからない。

2 水よう液についての学習で，うすい塩酸と食塩水について調べました。次の各問いに答えなさい。

(1) これらの水よう液の色やようすとして，正しいものはどれですか。次のア〜エの中から1つ選び，記号で答えなさい。

ア．どちらも色はついているが，とう明である。

イ．どちらも色はついていないが，とう明である。

ウ．どちらも色はついているが，食塩水はとう明で，うすい塩酸はとう明ではない。

エ．どちらも色はついていないが，食塩水はとう明で，うすい塩酸はとう明ではない。

(2) それぞれの水よう液を蒸発皿に少量とって熱したときのようすとして，正しいものはどれですか。次のア〜エの中から1つ選び，記号で答えなさい。

ア．どちらも白いものが残った。

イ．どちらも何も残らなかった。

ウ．うすい塩酸では白いものが残り，食塩水では何も残らなかった。

エ．食塩水では白いものが残り，うすい塩酸では何も残らなかった。

(3) アルミニウム（アルミニウムはく）と鉄（スチールウール）をそれぞれ2本ずつの試験管にとり，うすい塩酸を加えたときと，食塩水を加えたときの変化を調べました。①アルミニウム，②鉄の変化のようすとして正しいものはどれですか。次のア〜エの中からそれぞれ1つずつ選び，記号で答えなさい。

ア．どちらの水溶液にも，あわを出してとける。

イ．どちらの水溶液にも，あわを出さないでとける。

ウ．うすい塩酸にはあわを出してとけるが，食塩水にはとけない。

エ．食塩水にはあわを出してとけるが，うすい塩酸にはとけない。

(4) (3)で金属がとけた液を蒸発皿にとり，アルコールランプで加熱して蒸発させると固体が残りました。とけた液から出てきた固体の性質を調べた結果として正しいものはどれですか。次のア～エの中から1つ選び，記号で答えなさい。

　　ア．アルミニウム，鉄ともに，とけた液から出てきた固体は，うすい塩酸にはとけない。

　　イ．アルミニウム，鉄ともに，とけた液から出てきた固体は，うすい塩酸にあわを出してとける。

　　ウ．アルミニウム，鉄ともに，とけた液から出てきた固体は，もとの金属と同じ色である。

　　エ．アルミニウム，鉄ともに，とけた液から出てきた固体は，もとの金属とちがう色である。

(5) (3)と(4)の結果から考えて，正しいものはどれですか。次のア～オの中からすべて選び，記号で答えなさい。

　　ア．金属がとけた液から出てきた固体は，もとの金属と同じものである。

　　イ．金属がとけた液から出てきた固体は，もとの金属とはちがうものである。

　　ウ．水よう液には，金属を別のものに変化させるものがある。

　　エ．金属に水よう液を加えて別のものに変化させても，蒸発させるともとの金属にもどる。

　　オ．金属にどの水よう液を加えても別のものには変化せず，蒸発させるともとの金属が出てくる。

(6) (2)～(4)の観察や実験をするときに注意すべきこととして，まちがっているものはどれですか。次のア～オの中からすべて選び，記号で答えなさい。

　　ア．窓をあけてかん気をよくする。

　　イ．安全めがね（保護めがね）をかける。

　　ウ．使用した水よう液は，流し場にすてる。

　　エ．水よう液を加えるときは，近くでマッチを使わない。

　　オ．蒸発皿に残ったものに水よう液を加えるときは，火を消してすぐに蒸発皿に加える。

---

3 7月の終わりごろのある日，福山では日の出のとき，南の空に月が見えました。また，この日は雲がなく，午後8時には天の川や南の空に赤く光る1等星が見えました。次の各問いに答えなさい。

(1) この日の正午，月が地平線近くに見えました。そのときの月はどのように見えましたか。解答らんの円に右の図の例のように，かがやいていないかげの部分にしゃ線を入れて，およその形がわかるように示しなさい。

（例）

地平線 ――――

(2) 満月になるのは，この日から何週間後ですか。次のア～エの中から1つ選び，記号で答えなさい。

　　ア．約1週間後　　イ．約2週間後　　ウ．約3週間後　　エ．約4週間後

(3) 星や星座をさがすには，星座早見を使うと便利です。星座早見の正しい使い方の手順になるよう，次の文中の（　　）に入る語を，漢字1字で答えなさい。

　　┌─────────────────────────────┐
　　│【手順1】　観察する時刻の目もりと，月日の目もりを合わせる。　│
　　│【手順2】　観察する方位の文字を（　　）にして，上方にかざし，│
　　│　　　　　　夜空の星とくらべる。　　　　　　　　　　　　　　│
　　└─────────────────────────────┘

(4) 南の空に見えた赤く光る星は，何座の星ですか。その星座名を答えなさい。

(5) 夏の大三角は，どの星座の何という星をつなげたものですか。次のア～シの中から3つ選び，記号で答えなさい。

　　ア．おおぐま座のシリウス　　　　イ．おおぐま座のベガ

　　ウ．おおぐま座のデネブ　　　　　エ．こと座のベガ

　　オ．こと座のデネブ　　　　　　　カ．こと座のアルタイル

　　キ．はくちょう座のデネブ　　　　ク．はくちょう座のアルタイル

　　ケ．はくちょう座のシリウス　　　コ．わし座のアルタイル

　　サ．わし座のシリウス　　　　　　シ．わし座のベガ

(6) 夏の大三角について，正しく説明した文はどれですか。次のア～オの中からすべて選び，記号で答えなさい。

　　ア．夏の大三角は，オリオン座のとなりに見える。

　　イ．夏の大三角の一部は，天の川の中に見える。

　　ウ．夏の大三角は，時刻とともに見える位置やならび方が変わっていく。

　　エ．夏の大三角は，時刻とともに見える位置が変わっていくが，ならび方は変わらない。

　　オ．夏の大三角をつくる3つの星のうちの1つは，赤く光って見える。

4 電気について, いくつかの実験をして, その性質を確かめました。後の各問い
に答えなさい。

(1) 鉄, アルミニウム, 木, ガラス, プラスチックでできた細長い棒があります。
　どの棒が電気を通すか, かん電池と豆電球を用いて調べます。

　① 鉄でできた棒を用いて実験を行うときの導線のつ
　　なぎ方を, 解答らんの図に線をかきいれて示しなさ
　　い。ただし, 棒の両はしに導線をつなぐところ (●)
　　があります。また, 豆電球の図の黒くぬっている部
　　分は電気を通さない部分で, ソケットはありません。

　② 電気を通したのは, 何でできた棒ですか。2つ答
　　えなさい。

　③ ②で答えた2つのものを区別する方法として, 重
　　さや見た目以外でどんな性質のちがいを調べればよ
　　いですか。その方法と結果をそれぞれ簡単に答えな
　　さい。

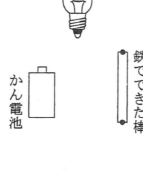

豆電球

かん電池

鉄でできた棒

(2) 導線を巻いたコイルをつくり, 鉄しんを入
　れました。かん電池を2個使って, 右図のコ
　イルの下側から出ている導線をAのたんしに
　つなぐと弱い電磁石に, Bのたんしにつなぐ
　と強い電磁石になるようにしたいと思いま
　す。どのように回路をつくればよいですか。
　右図の点線で囲まれた部分のつなぎ方がわか
　るように, 解答らんの図の中に線をかきいれ
　て示しなさい。

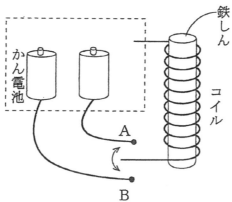

かん電池

鉄しん

コイル

A

B

(3) 次のア〜クのうち, 電磁石が使われている
　ものはどれですか。すべて選び, 記号で答え
　なさい。

　ア. 電車　　　　イ. 洗たく機　　　ウ. かい中電灯
　エ. 光電池　　　オ. 方位磁針　　　カ. 上皿てんびん
　キ. かん電池　　ク. せん風機

解答らん

※30点満点
(配点非公表)

1

(1)	A		B	
(2)	ア		イ	ウ
(3)	①		②	③

2

(1)		(2)		(3) ①		②	
(4)		(5)		(6)			

3

(1)	〇 地平線 ——	(2)		(3)	
		(4)			
(5)		(6)			

4

(1)	① 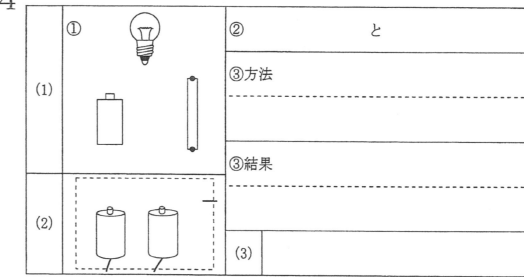	② 　　　　と
		③方法
		....
		③結果
		....
(2)	(2図)	(3)

社会　3まいのうち，その1

（注意）解答は，すべて解答らんに記入しなさい。

※社会と理科2科目合わせて50分

1 次の【A】・【B】の問いに答えなさい。なお，選択肢のある問題については
その記号を答えなさい。

【A】日本の国土や産業，暮らしに関して，以下の問いに答えなさい。

（1）国土に関して，誤って述べたものを**あ**〜**え**から一つ選びなさい。

　　あ．国後島や歯舞群島は，北方領土の一部である。

　　い．東の端は沖ノ鳥島，南の端は南鳥島である。

　　う．東経135度の経線は，近畿地方を通っている。

　　え．太平洋，オホーツク海，日本海，東シナ海などの海と接している。

（2）次の**あ**〜**か**は，平野名と河川名を組み合わせて示したものです。平野名とその
　　平野を流れる河川名の組み合わせとして誤っているものを二つ選びなさい。

　　あ．秋田平野－雄物川　　　**い**．大阪平野－天竜川　　　**う**．関東平野－利根川

　　え．庄内平野－最上川　　　**お**．筑紫平野－江の川　　　**か**．濃尾平野－木曽川

（3）農業に関する次のX・Yの文について，それぞれの文の正誤を考え，後の**あ**〜
　　えから正誤を適切に述べたものを選びなさい。

> X：米作りは暖かい気候が適しているが，寒さに強い品種の開発により，北海
> 　　道や秋田県などでの生産量が多くなっている。
> Y：野菜作りは大都市に近い場所が有利だが，保冷の工夫がなされたトラック
> 　　などが使用され，宮崎県や高知県などでの生産もさかんになった。

　　あ．XもYも正しい　　**い**．Xのみ正しい　　**う**．Yのみ正しい　　**え**．XもYも誤り

（4）工業生産に関する次のX・Yの文について，それぞれの文の正誤を考え，後の
　　あ〜**え**から正誤を適切に述べたものを選びなさい。

> X：工業生産額の総額を比べると，中京工業地帯よりも瀬戸内工業地域のほう
> 　　が多い。
> Y：化学工業の生産額を比べると，関東内陸工業地域よりも瀬戸内工業地域の
> 　　ほうが多い。

　　あ．XもYも正しい　　**い**．Xのみ正しい　　**う**．Yのみ正しい　　**え**．XもYも誤り

（5）暮らしに関する次のX・Yの文について，それぞれの文の正誤を考え，後の**あ**
　　〜**え**から正誤を適切に述べたものを選びなさい。

> X：北海道の主要な道路では，地下に温水パイプを通して凍結を防いでいる。
> Y：沖縄県の伝統的な家では，屋根の角度を急にして強風を防いでいる。

　　あ．XもYも正しい　　**い**．Xのみ正しい　　**う**．Yのみ正しい　　**え**．XもYも誤り

【B】世界の暮らしや日本と世界の貿易などに関して，以下の問いに答えなさい。

（6）世界では，その地域の気候などに合わせた家づ
　　くりがおこなわれています。右の地図中の**a**の国
　　にみられる家づくりの工夫について，最も適切に
　　述べたものを**あ**〜**え**から選びなさい。

　　あ．冬の気温が氷点下となるので，床下暖房の設
　　　　備がある家にしている。

　　い．夏に凍土がとけて水はけが悪くなるので，高
　　　　床式の家にしている。

　　う．砂漠が広がっているので，砂や粘土などで家をつくっている。

　　え．一年じゅう暑いので，風通しをよくするために高床式の家にしている。

（7）次の表は，日本のおもな輸入品である小麦・魚介類・鉄鉱石・石油・アルミニ
　　ウム・自動車の輸入先上位3か国とその占める割合(2011年)を示したものです。
　　①小麦と②鉄鉱石にあたるものを**あ**〜**か**からそれぞれ選びなさい。

あ		**い**		**う**	
中国	23.3%	サウジアラビア	32.7%	ドイツ	55.9%
チリ	11.5%	アラブ首長国連邦	23.1%	アメリカ	6.1%
タイ	11.3%	カタール	10.4%	イギリス	5.5%
え		**お**		**か**	
オーストラリア	19.3%	アメリカ	56.1%	オーストラリア	58.6%
中国	18.0%	カナダ	23.5%	ブラジル	31.7%
ロシア	15.2%	オーストラリア	20.0%	南アフリカ共和国	4.3%

（『日本国勢図会2012/13年版』より作成）

（8）日本の貿易に関して，誤って述べたものを**あ**〜**え**から一つ選びなさい。

　　あ．戦後，日本は，原料を輸入して国内の工場で加工し，工業製品をつくって輸
　　　　出する加工貿易により，工業を発達させてきた。

　　い．最近では，日本の会社が海外に工場をつくり，その工場から機械類を輸入す
　　　　るようになっている。

　　う．現在，日本は，ドイツやフランスなどのヨーロッパの国々よりも，中国や韓国
　　　　などのアジアの国々と，貿易をさかんにおこなっている。

　　え．現在，日本とアメリカ・中国との貿易額をみると，日本はどちらの国との貿
　　　　易においても輸入額の方が輸出額を大きく上回っている。

（9）地球温暖化に関する次のX・Yの文について，それぞれの文の正誤を考え，後
　　の**あ**〜**え**から正誤を適切に述べたものを選びなさい。

> X：地球温暖化は，おもにオゾン層の破壊が原因で進行している。
> Y：地球温暖化の影響により，低い土地の水没が心配されている。

　　あ．XもYも正しい　　**い**．Xのみ正しい　　**う**．Yのみ正しい　　**え**．XもYも誤り

2　(1)～(8)は，日本における政治や安全・安心な生活について述べています。
(1)～(8)にあるア～ウの文の正誤を適切に示したものを，次のあ～かから
一つずつ選び，その記号を答えなさい。

> あ. アのみ正しい　　　い. イのみ正しい　　　う. ウのみ正しい
>
> え. アのみ誤り　　　お. イのみ誤り　　　か. ウのみ誤り

(1)次の各文は，日本国憲法に関する文です。
　ア. 日本国憲法で主権を持つとされているのは，国民だけである。
　イ. 日本国憲法で保障された自由は，職業を選ぶ自由，言論や集会の自由の2つ
　　だけである。
　ウ. 日本国憲法で定められている，すべての国民が守らなければならない義務は，
　　納税の義務，子どもに教育を受けさせる義務，働く義務の3つだけである。

(2)次の各文は，投票に関する文です。
　ア. 国民や住民の投票で選ばれるのは，国会議員と地方議会の議員だけである。
　イ. 日本国憲法改正の提案が国会から出された場合，国民投票がおこなわれる。
　ウ. 国民の投票によってやめさせることができる裁判官は，最高裁判所の裁判官
　　だけである。

(3)次の各文は，働く人を守るための法律に関する文です。
　ア. 1日に8時間，1週間に40時間を超えて働かせてはいけない。
　イ. 女性という理由で，賃金など，働く条件で男性と差別をしてはならない。
　ウ. 働く条件について話し合いをしやすくするために，やとい主と働く人がいっ
　　しょに，労働組合という団体をつくることができる。

(4)次の各文は，高齢者福祉に関する文です。
　ア. 高齢者福祉は，憲法で保障された健康で文化的な生活を営む権利を実現する
　　ためにおこなわれている。
　イ. 高齢者福祉のために利用される税金は，国が集めたものだけである。
　ウ. 高齢者福祉のための予算は，役所が決定する。

(5)次の各文は，環境を守ることに関する文です。
　ア. 和歌山県の天神崎は，世界自然遺産に登録されている。
　イ. 環境基本法は，地球規模の環境問題にまでふみこんだ内容になっている。
　ウ. ラムサール条約にもとづいて，白神山地の保護活動がおこなわれている。

(6)次の各文は，災害に関する文です。
　ア. たくさんの活断層があるので，地震の被害を受けやすい。
　イ. 梅雨に降水量が多くなるおもな原因は，台風である。
　ウ. 山がけずられて森林破壊が進んだ場所では，大雨が降ると土砂くずれが発生
　　しやすい。

(7)次の各文は，食品の安全・安心に関する文です。
　ア. 北海道など，すずしくて湿度が低い気候だと，農薬を使う量が少なくてすみ，
　　安全で環境にやさしい農業をおこないやすい。
　イ. 農産物を販売する際に，生産された場所だけでなく，生産者の名前も表示す
　　るような取り組みがおこなわれている。
　ウ. 現在，農産物の品種改良が進められており，食料自給率は80パーセントを上
　　回るようになった。

(8)次の各文は，火災や事故に関する文です。
　ア. 119番への通報は，火災が発生した時だけおこなう。
　イ. 110番への通報は，交通事故にあった場合，けがをしなかった時でも，おこ
　　なうのがよい。
　ウ. 交通標識に示されている内容には，自動車を運転する人だけでなく，歩行者
　　も守らなければならないものがある。

3　次の地図を参考に，以下の問いに答えなさい。なお，解答は各問いの選択肢
　あ～えから一つ選び，その記号を答えなさい。

(1)吉野ヶ里遺跡は，弥生時代の遺跡です。この遺跡からわかるこの時代の社会の
　様子として誤っているものを選びなさい。
　あ. 祭りなどの儀式には，銅鐸と呼ばれる祭器が使用されていた。
　い. 集落には二重の堀や防御柵がめぐらされ，常に戦争に備えていた。
　う. 絹の布や貝の腕輪などが使われ，広い範囲で交易がおこなわれていた。
　え. 王は大規模な古墳に埋葬され，権力の強大さを示していた。
(2)大宰府には奈良時代に大宰府政庁が置かれ，中国との外交や西国の防衛など九
　州を治めていました。奈良時代の外交・政治について次の問いに答えなさい。
　①奈良の朝廷が中国から最も意欲的に学んだものを次から選びなさい。
　あ. 室内をかざる水墨画の技法　　　い. 鉄を用いた武具や農具の製法
　う. 国を治めるための政治のしくみ　　え. 銅鏡を用いた占いの方法

②奈良時代の様子について，誤って述べたものを次から選びなさい。

あ．ひらがなやかたかながつくられ，すぐれた文学作品が数多く生まれた。

い．仏教の力で国じゅうが幸せになることを願って，全国に国分寺がつくられた。

う．土地や人は国のものとされ，戸籍をつくり土地と人を管理した。

え．九州を守る兵士の役目を課せられた者は，往復の費用も自分が負担した。

（3）福岡市には元の攻撃に備えて造られた防塁があります。元の襲来とこの事件の影響について，誤って述べたものを次から選びなさい。

あ．元軍は，支配した朝鮮人や中国人を従えて攻めてきた。

い．元軍は集団戦法を用いて攻めてきたため，日本の武士は苦戦した。

う．日本の武士は，恩賞を得るために元軍に対し命をかけて戦った。

え．元の襲来を防いだことで，御家人と幕府との結びつきは一層強くなった。

（4）長崎は江戸時代に外国との窓口として栄えました。江戸幕府と外国とのかかわりなどについて次の問いに答えなさい。

①幕府の成立から鎖国の完成にいたるまでのでき事について，誤って述べたものを次から選びなさい。

あ．幕府は初め，外国との貿易をさかんにするため，大名や商人に自由に貿易をすることを認めた。

い．多くの日本人が東南アジアに進出し，日本町が各地につくられた。

う．幕府は，キリスト教の信者が増加することをおそれ，宣教師や貿易船の出入りを制限した。

え．島原・天草でキリスト教の信者を中心とした農民一揆が発生し，鎮圧に苦労した幕府は信者弾圧を強めた。

②幕府と朝鮮との交渉の窓口となった藩を次から選びなさい。

あ．松前藩　　い．長州藩　　う．対馬藩　　え．肥前（佐賀）藩

③江戸時代，ヨーロッパの知識・技術が導入され，西洋の学問（蘭学）を学ぶ人々も増えてきました。蘭学の成果を取り入れておこなわれた芸術，文化事業や書物の例として適切なものを次から選びなさい。

あ．本居宣長が著した『古事記伝』

い．伊能忠敬が作成した日本地図

う．歌川（安藤）広重が描いた『東海道五十三次』

え．子どもの教育の場として各地に設けられた寺子屋

（5）北九州市には，1901年に日本で最初の本格的な製鉄所が建設されました。このことに関連する次の問いに答えなさい。

①この製鉄所の建設以後日本でも重工業が発達しましたが，明治以降，この時期まで，日本の輸出品として最も輸出額の多かったものを次から選びなさい。

あ．生糸　　　　い．米　　　　う．銀　　　　え．水産品

②この製鉄所建設の後に起きた，日本に関するでき事を次から選びなさい。

あ．日本が台湾を獲得した。　　　い．自由民権運動が全国的に高まった。

う．日本が韓国を併合した。　　　え．初めて衆議院の選挙がおこなわれた。

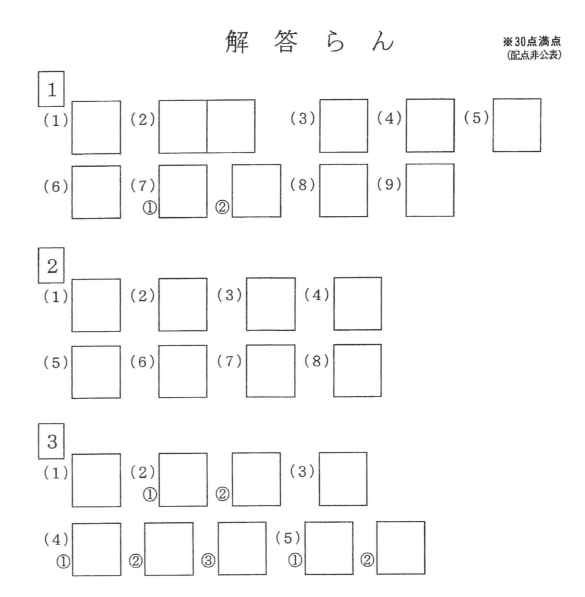

解　答　らん　　※30点満点
（配点非公表）

1
(1)　(2)　(3)　(4)　(5)
(6)　(7)①　②　(8)　(9)

2
(1)　(2)　(3)　(4)
(5)　(6)　(7)　(8)

3
(1)　(2)①　②　(3)
(4)①　②　③　(5)①　②

算　数　（3枚のうち，その1）

（注意）（1）　答えは解答用紙にかきなさい。

（2）　答えが整数にならないときは，小数で答えても分数で答えてもよろしい。

（50分）

1　次の □ の中にあてはまる数を答えなさい。

(1)　5.3×1.9−7.7 を計算すると，答えは □ です。

(2)　3149円は □ 円の47％にあたります。

(3)　マラソンで，Aさんは4時間26分，Bさんは3時間2分かかりました。
　　Aさんのかかった時間とBさんのかかった時間の比をできるだけ小さい整数の比
　　で表すと □ : □ です。

(4)　右の図のような図形があります。
　　四角形ABCEは直線ACを対称（たいしょう）の軸（じく）として線対称で，
　　四角形ACDEは直線CEを対称の軸として線対称で，
　　四角形ACEFは直線AEを対称の軸として線対称です。
　　直線ACの長さは7cm，直線CEの長さは5cm，
　　直線AEの長さは6cmです。

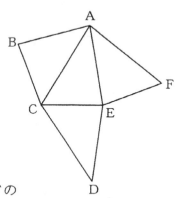

　　①　直線AB，直線BC，直線CD，直線DE，直線EFの
　　　　長さの和は □ cmです。

　　②　点Bと点Eをむすんだ直線BEと，点Aと点Dをむすんだ直線ADを
　　　　考えます。直線BEの長さは，直線ADの長さの □ 倍になります。

(5)　整数aの約数をすべてたしたものを「aの約数の和」とよぶことにします。
　　たとえば12の約数は，1，2，3，4，6，12で，1+2+3+4+6+12＝28なので，
　　「12の約数の和」は28となります。
　　「29の約数の和」は （ア） です。「 （ア） の約数の和」は （イ） です。
　　「 （イ） の約数の和」は （ウ） です。

(6)　下の図1のような，たて10cm，横10cm，高さ20cmの直方体の形をした
　　容器Aと，たて4cm，横4cm，高さ15cmの直方体の形をした容器Bがあります。
　　2つの容器は，上から水を入れることができます。また，2つの容器は，うすい板で
　　つくられていて，板の厚さは考えないものとします。2つの容器は，水平に置かれて
　　いて，どちらの容器にも水は入っていません。

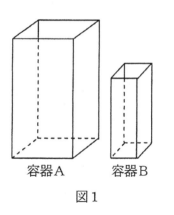

容器A　　容器B

図1

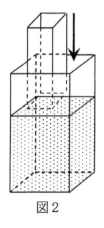

図2

　　容器Aの中に容器Bの6はい分の水を入れると，容器Aに入っている水の深さは
　　 （ア） cmになりました。次に，図2のように，容器Bの底を水平にしたまま，
　　ゆっくりと容器Aに入れていくと，やがて容器Aの水の一部が容器Bの中に入って
　　いきます。容器Bの底が容器Aの底につくまで容器Bを入れると，容器Aに
　　入っている水の深さが容器Bの高さと同じになりました。
　　このとき，容器Bに入っている水の深さは （イ） cmになります。

算 数 （3枚のうち，その2）

2 P地点からQ地点までの道のりは3kmです。AさんとBさんの2人がP地点を同時に出発して，P地点からQ地点まで同じ道を歩きます。

Aさんは，分速50mで歩き続けます。Bさんは，分速70mで10分間歩いた後，5分間とまって休けいする，ということをくり返して進みます。

次の ☐ の中にあてはまる数を答えなさい。

（　）の中には，AとBのうち，あてはまるものを答えなさい。

(1) Bさんは，Q地点にとう着するまでに ☐ 回休けいします。

また，BさんがQ地点にとう着するのは，P地点を出発してから ☐ 分後です。

(2) Q地点には(　)さんのほうが ☐ 分早くとう着します。

(3) AさんがBさんを1回目に追いこすのは，P地点を出発してから (ア) 分後です。

AさんがBさんを3回目に追いこすのは，P地点を出発してから (イ) 分後です。

BさんがAさんを2回目に追いこすのは，P地点から (ウ) mのところです。

3 右の図のような，1から9までの数字が1つずつかかれたカードが全部で9枚あります。A君とB君が，これらのカードを使って，次のようなゲームを何回かおこないました。

① 右の図のように，すべてのカードをうら向きにして，かきまぜたのち，最初にA君がこの中から3枚のカードを選び，次にB君が残った6枚のカードの中から3枚のカードを選びます。

② それぞれが選んだ3枚のカードを $\dfrac{因田}{小}$ のように置いて，分数をつくります。ただし，A君もB君も，選んだ3枚のうちで

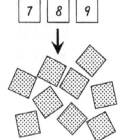

いちばん小さい数字がかかれているカードを 小 のところへ，2番目に小さい数字がかかれているカードを 田 のところへ，いちばん大きい数字がかかれているカードを 因 のところへ置くことにします。

③ ②でつくった分数を，A君，B君のそれぞれの得点として，得点の多いほうがそのゲームの勝ちとします。

たとえば，A君が ④，⑥，⑧ のカードを選び，B君が ①，②，⑤ のカードを選んだとすると，A君のつくった分数は $\dfrac{86}{4}$ で，A君の得点は $\dfrac{43}{2}$ 点になり，B君のつくった分数は $\dfrac{52}{1}$ で，B君の得点は52点になります。$52-\dfrac{43}{2}=\dfrac{61}{2}$ なので，このゲームはB君が $\dfrac{61}{2}$ 点の差で勝ちとなります。

カードを置いて分数をつくるとき，⑥ のカードは「6」として，⑨ のカードは「9」として使います。

次の ☐ の中にあてはまる数を答えなさい。

（　）の中には，AとBのうち，あてはまるものを答えなさい。

(1) あるゲームでは，A君が ③，④，⑨ のカードを選び，B君が ②，⑤，⑥ のカードを選びました。このゲームは(　)君が ☐ 点の差で勝ちとなります。

(2) あるゲームでは，A君の得点が18点で，B君の得点が14点になりました。

このゲームで，A君が選んだカードにかかれた数字を小さいほうから順にかくと，(ア)，(イ)，(ウ)，B君が選んだカードにかかれた数字を小さいほうから順にかくと，(エ)，(オ)，(カ) です。

(3) あるゲームでは，A君が $\dfrac{51}{20}$ 点の差で勝ちとなりました。

このゲームで，A君が選んだカードにかかれた数字を小さいほうから順にかくと，(キ)，(ク)，(ケ)，B君が選んだカードにかかれた数字を小さいほうから順にかくと，(コ)，(サ)，(シ) です。

受　検　番　号

解　答　用　紙

※40点満点
（配点非公表）

1

(1) 　　　　

(2) 　　　　円

(3) 　　　　 : 　　　　

(4) ①　　　　cm

②　　　　倍

(5) (ア)　　　　

(イ)　　　　

(ウ)　　　　

(6) (ア)　　　　cm

(イ)　　　　cm

2

(1) 　　　　回，　　　　分後

(2) （　　）さんのほうが 　　　　分早くとう着します。

(3) (ア)　　　　分後

(イ)　　　　分後

(ウ)　　　　m

3

(1) （　　）君が 　　　　点の差で勝ちとなります。

(2) (ア)　　　　，(イ)　　　　，(ウ)　　　　

(エ)　　　　，(オ)　　　　，(カ)　　　　

(3) (キ)　　　　，(ク)　　　　，(ケ)　　　　

(コ)　　　　，(サ)　　　　，(シ)

（理科と社会2科目合わせて50分）　（注意）　答えはすべて解答らんに記入しなさい。

1 次の図は，生物どうしがどのような関係でつながっているのかを示したものです。これを見て，あとの各問いに答えなさい。

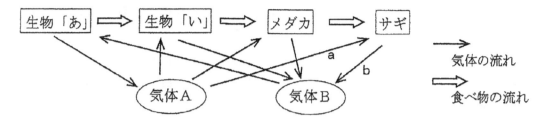

（1）図の矢印a，bは，サギが気体Aをとり入れ，気体Bを出しているようすを示しています。このはたらきを何といいますか。漢字で答えなさい。

（2）図では気体の流れについての矢印（ ⟶ ）が2つ足りません。足りない2つの矢印を解答らんの図にかきなさい。

（3）図からよみとれることがらを，正しく説明している文はどれですか。次のア〜エの中から1つ選び，記号で答えなさい。

　　ア．生物「あ」は，生物「い」を食べることによって養分をとり入れる。

　　イ．生物「い」は，メダカを食べることによって養分をとり入れる。

　　ウ．生物「あ」は，自分で養分をつくることができる。

　　エ．生物「い」は，自分で養分をつくることができる。

（4）メダカを飼ったところ，たまごをうんだ。たまごが育つと，中から小さな子どもがかえった。

　①　次の文中の（ X ），（ Y ）に入る言葉を，下のア〜エの中からそれぞれ1つずつ選び，記号で答えなさい。

　　　┌─────────────────────────────┐
　　　│ たまごをうむメダカは，しりびれの後ろが（ X ），せびれに（ Y ）。 │
　　　└─────────────────────────────┘

　　ア．短く　　イ．長く　　ウ．切れこみがある　　エ．切れこみがない

　②　メダカのたまごを観察するときのかいぼうけんび鏡の使い方を，正しく説明している文はどれですか。次のア〜エの中からすべて選び，記号で答えなさい。

　　ア．日光が直接あたる，明るいところに置く。

　　イ．鏡を動かして，見やすい明るさに調節する。

　　ウ．たまごは水草ごとペトリ皿に入れて，のせ台に置く。

　　エ．調節ねじを回して，はっきり見えるところで止める。

③　メダカのたまごの大きさ（直径）はどのくらいですか。次のア〜エの中から1つ選び，記号で答えなさい。

　　ア．0.1mm　　　イ．1mm　　　ウ．10mm　　　エ．100mm

④　メダカのたまごから，子どもが成長するまでの変化について，正しく説明した文はどれですか。次のア〜エの中から1つ選び，記号で答えなさい。

　　ア．たまごの中で，からだの形がわかるようになった後，たまご全体が大きくなる。

　　イ．たまごの中で，目の形がわかるようになった後，赤い血がみえるようになる。

　　ウ．たまごの中で，心臓が動いているのがみえるようになった後，からだの形がわかるようになる。

　　エ．たまごからかえった後，すぐにえさを食べないと死んでしまう。

2 図1のように，支点からおもりのついた糸を下げ，ふりこをつくります。おもりを右はしのAの位置まで動かし，糸がたるまないようにしておもりをはなすと，支点の真下であるBの位置を通り，左はしのCの位置へ動き，この間で往復運動をしました。このようなふりこ運動では，A→B，B→C，C→B，B→Aの移動時間は等しくなっています。

　図1の「ふれ角」，「ふりこの長さ」，「おもりの重さ」をそれぞれ変えて10往復する時間を測定した結果は表のようになりました。これらの結果から，次の1〜3の順にふりこ運動の規則性をまとめていきます。あとの各問いに答えなさい。

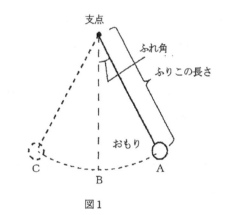

図1

┌───────────────────────────┐
│ 1 ふれ角と1往復する時間の関係 │
│ 2 おもりの重さと1往復する時間の関係 │
│ 3 ふりこの長さと1往復する時間の関係 │
└───────────────────────────┘

表　実験結果

番号	ふれ角	ふりこの長さ	おもりの重さ	10往復する時間
①	10°	40 cm	20 g	12.63秒
②	20°	40 cm	20 g	12.65秒
③	20°	40 cm	50 g	12.70秒
④	20°	60 cm	50 g	15.51秒
⑤	30°	40 cm	20 g	12.71秒
⑥	30°	20 cm	20 g	9.02秒
⑦	30°	60 cm	20 g	15.54秒
⑧	40°	20 cm	50 g	9.03秒

（1）①のふりこの1往復する時間は何秒ですか。小数第2位を四捨五入して，小数第1位まで答えなさい。

（2）「1 ふれ角と1往復する時間の関係」についてまとめるには，表のどの結果が利用できますか。①〜⑧の中から，利用できる結果をすべて選び，番号で答えなさい。

(3) 表の結果から，「3　ふりこの長さと1往復する時間の関係」を示すグラフはどのようになりますか。次のア～エの中から1つ選び，記号で答えなさい。ただし，グラフの縦じくの数値は記入していません。

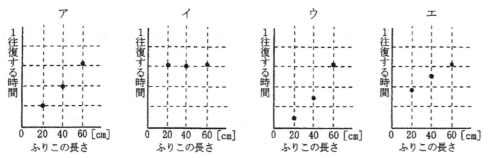

(4) 図2のように，支点からBに向かって 40 cm の位置に細い棒を置き，50 g のおもりでふりこの長さが 60 cm のふりこを，ふれ角 20° でAの位置から動かすと，図2の，A→B，B→Dで「ふりこの長さ」が異なるふりこ運動をしました。A→B→D→B→Aと1往復する時間を表の結果を使って求めると何秒になりますか。次のア～カから，最も近いものを1つ選び，記号で答えなさい。

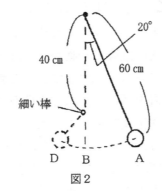

図2

　　ア．14秒　　　　イ．12秒　　　　ウ．2.8秒

　　エ．2.5秒　　　オ．1.5秒　　　カ．1.2秒

3　気象に関する次の文を読み，あとの各問いに答えなさい。

　気温の変化や雨の量などを調べることは，天気の変化を予測するのに役立ちます。学校で行う気温の測定には，百葉箱を用いる方法があります。百葉箱は，風通しの良い場所に，温度計の高さが（　A　）m～（　B　）mの高さになるようにして設置されています。色は（　C　）色で，温度計に日光が直接あたらないように，とびらは（　D　）側についています。

　2013年7月には山口・島根の県境で大雨が降り，ひ害が発生しました。8月には高知県四万十市で気温が 41.0℃ に達し，国内の最高気温の記録をこう新しました。9月には京都府の桂川のはんらんによる周辺のしん水，10月には伊豆大島での大規模な土しゃ災害など，台風によるひ害が大きく報道されました。

日本付近での天気の変化を考えてみましょう。雲は（　E　）から（　F　）の向きに動いていくことが多いので，天気もおよそこの向きに変化していきます。台風は，日本の（　G　）の海上で発生し，そのうちのいくつかが日本に接近します。台風が近づくと強い風がふき，短い時間に大量の雨が降るため，大きな災害が発生することもあり，備えが必要になります。

(1) 文中の空らん（　A　）～（　G　）にあてはまる数値や言葉を次のア～タの中から選び，記号で答えなさい。

　　ア．0.5　　イ．0.8　　ウ．1.0　　エ．1.2　　オ．1.5　　カ．1.8

　　キ．赤　　ク．青　　ケ．緑　　コ．黄　　サ．白　　シ．黒

　　ス．東　　セ．西　　ソ．南　　タ．北

(2) 台風への備えや対策として適切なものはどれですか。次のア～エの中からすべて選び，記号で答えなさい。

　　ア．テレビや新聞，インターネットなどで，台風の動きや天気の変化などの気象情報を集める。

　　イ．台風による大雨によって川の水があふれないように，あらかじめダムに水を十分にためておく。

　　ウ．ひ難するときに備えて，非常持ち出しの物品やひ難場所を確認する。

　　エ．台風による警報が出てから，屋根に上って屋根の補強をする。

(3) 日本は台風による災害とともに地しんによる災害も多い国です。次のア～オの中で，台風によって発生する可能性がある現象と，地しんによって発生する可能性がある現象を，それぞれすべて選び，記号で答えなさい。ただし，同じ記号をくり返し答えてもかまいません。

　　ア．熱いよう岩が流れ出たり飛び散ったりする。

　　イ．屋根瓦や看板がふき飛ばされる。

　　ウ．けいしゃの急な地面がくずれる。

　　エ．海岸に高い波がおしよせる。

　　オ．大地に地割れやずれが生じる。

4　右の図1のような装置で，水を加熱する実験を行うと，最初は小さなあわが出ていましたが，やがて大きなあわがたくさん出るようになり，さかんにわき立ちました。次の各問いに答えなさい。

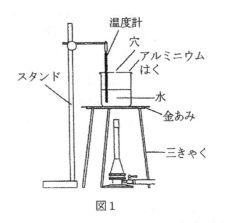

図1

(1) 図1の加熱器具の名前を答えなさい。

(2) この実験で水がふき出さないようにビーカーの中に入れるものがあります。それは何ですか。

　　図2は，水がさかんにわき立っているときのようすを示しています。ビーカーの中の水あの中で大きなあわいがたくさん出ており，アルミニウムはくの穴のすぐ上のうは，何も見えませんでしたが，もう少し上では白いものえが見えました。そのさらに上のおは，何も見えませんでした。

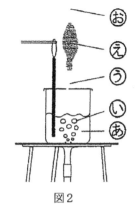

図2

(3) 図2のあ〜おのうち，水が気体になっているものはどれですか。すべて選び，記号で答えなさい。

(4) 図2のうに金属のスプーンを近づけると，スプーンにあるようすが見られました。次のア〜エのうち，これと同じようすが見られないものを1つ選び，記号で答えなさい。

　　ア．氷水を入れたコップをしばらく置いたときの，コップの外側のようす。

　　イ．ポリエチレンのふくろの中に息を入れたときの，ふくろの内側のようす。

　　ウ．何も入っていないフラスコにせんをして空気を閉じこめ，湯で温めたときの，フラスコの内側のようす。

　　エ．水を入れたコップにラップシートでおおいをして，1週間ひなたに置いたときの，ラップシートの内側のようす。

(5) さかんにわき立っているとき，図2の水あの温度と体積の変化はどうなりますか。次の文の（　A　）は下のア〜ウから，（　B　）は下のエ〜カからそれぞれあてはまる言葉を選び，記号で答えなさい。

　　| あの温度は（　A　），体積は（　B　）。 |

　　ア．上がり　　　イ．下がり　　　ウ．変化せず

　　エ．増加する　　オ．減少する　　カ．変化しない

(6) 次のア〜ウでさかんに出てくるあわが，この実験で見えた図2のいのあわと同じものであれば○を，異なるものであれば×を記入しなさい。

　　ア．炭酸水をよくふる。

　　イ．湯の中に焼いて熱くした石を入れる。

　　ウ．うすい過酸化水素水の中に少量の二酸化マンガンを入れる。

解答らん

※30点満点
（配点非公表）

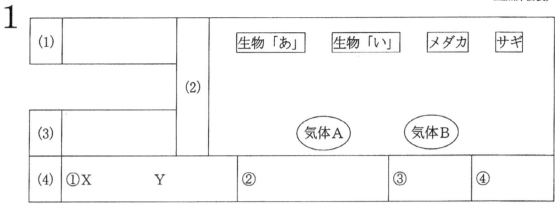

1

(1)		生物「あ」	生物「い」	メダカ	サギ
(2)					
(3)		気体A	気体B		
(4)	①X　　　Y	②	③	④

2

| (1) | 秒 | (2) | |
| (3) | | (4) | |

3

(1)	A	B	C	D
	E	F	G	
(2)		(3) 台風		地しん

4

(1)		(2)	
(3)		(4)	(5) A	B
(6) ア	イ	ウ	

（社会と理科2科目合わせて50分）

（注意）　解答はすべて解答らんに記入し，選択肢がある問いは記号で答えなさい。

1　日本の歴史や社会に関する次の問いに答えなさい。

（1）次のA～Cのいずれとも関係のないものを，後の**あ**～**え**から一つ選びなさい。

　　A．仏教を通じて世の中の不安をしずめ，政治の安定を図った。

　　B．国の主権者が天皇であることを示した。

　　C．政治を行う豪族や役人の心構えを示した。

　　あ．十七条憲法が発布された。　　**い**．国分寺の建立や大仏づくりがすすめられた。

　　う．検地や刀狩が実施された。　　**え**．大日本帝国憲法が発布された。

（2）次のA～Cがあったころの日本の出来事を考えた時，いずれの時期の出来事にもあたらないものを，後の**あ**～**え**から一つ選びなさい。

　　A．国民に配給する食糧が少なくなり，中学生や女学生が工場や農村で働かされた。

　　B．日ソ共同宣言が締結され，日本とソ連は国交を回復した。

　　C．新聞や演説会を通して，国会を開き憲法を定める要求が広められた。

　　あ．大隈重信が政党をつくった。　　**い**．関東大震災が起こった。

　　う．国際連合に加盟した。　　**え**．太平洋戦争が起こった。

（3）次のA～Dは日本と外国の関係について述べたものです。A～Dのそれぞれがあったころの出来事・様子について誤って述べたものを，後の**あ**～**え**から一つ選びなさい。

　　A．邪馬台国の卑弥呼は，中国に使いを送った。

　　B．聖武天皇は中国へ使者や留学生を送り，政治のしくみや文化を学ばせた。

　　C．元の大軍が，二度にわたって九州北部に攻めこんできた。

　　D．鎖国をしていた時代，オランダや清との貿易は行われた。

　　あ．Aのころ，大陸から伝来した米作りが広がっていった。

　　い．Bのころ，苦難を乗り越え日本に着いた鑑真は唐招提寺を開いた。

　　う．Cのころ，有田焼などの焼き物を作る技術が朝鮮から日本に伝えられた。

　　え．Dのころ，薩摩藩は琉球に対して政治をかんとくしていた。

（4）次のA～Cは，20世紀初めまでに日本が外国と結んだ条約の内容の一部です。古い時代のものから年代順に並んでいるものを，後の**あ**～**か**から一つ選びなさい。

　　A．ロシアは朝鮮からしりぞくこと

　　B．リヤオトン（遼東）半島や台湾を日本にゆずること

　　C．日本で犯したアメリカ人の犯罪を，日本は処罰できないこと

　　あ．A→B→C　　　**い**．B→A→C　　　**う**．C→A→B

　　え．A→C→B　　　**お**．B→C→A　　　**か**．C→B→A

（5）明治時代以降の女性の活躍に関する文として，誤って述べたものを一つ選びなさい。

　　あ．津田梅子は，留学から帰国後『学問のすゝめ』をあらわし，女子教育につくした。

　　い．与謝野晶子は，戦争に行った弟を心配し「君死にたまふことなかれ」を発表した。

　　う．平塚らいてうは，低くみられていた女性の地位の向上を求める運動に取り組んだ。

　　え．女性の国会議員は，第二次世界大戦後に行われた衆議院議員選挙で初めて誕生した。

（6）近年の日本に関する文として，誤って述べたものを一つ選びなさい。

　　あ．地域ケアプラザなどの介護福祉施設が建てられ，多くの人が利用するようになった。

　　い．今年の4月から，消費税は現在の5％から10％に引き上げられることになった。

　　う．今年は，東京でオリンピックが開かれてからちょうど50年になる。

　　え．6年後に，東京でオリンピックが開催されることが決定している。

（7）日本国憲法で保障されている基本的人権や，その基本的人権を守るためのしくみとして，誤って述べたものを一つ選びなさい。

　　あ．言論や集会の自由や，教育を受ける権利が保障されている。

　　い．仕事に就いて働くことは，国民の義務であるが，同時に権利でもある。

　　う．国民は20歳になると，国会議員を選ぶ選挙で投票したり，立候補したりできる。

　　え．裁判所は，法律が憲法に違反していないかどうかを判断することができる。

（8）地方公共団体は，住民の豊かな暮らしを守るために，さまざまなことを決めています。都道府県の議会では決めることができないことを一つ選びなさい。

　　あ．都道府県の条例を制定，改正，または廃止すること

　　い．都道府県の選挙区から選ばれる国会議員の数

　　う．都道府県民から集めた税金の使いみち

　　え．都道府県の役所で働く職員の給料の金額を変えること

（9）近年，高齢化が進み，買い物に不自由している高齢者が増えています。このことに対応する取り組みではないものを一つ選びなさい。

　　あ．商店街の個人商店が，地域でつくられたものを販売する地産地消をすすめている。

　　い．コンビニエンスストアが，食品などを移動販売するサービスを行っている。

　　う．スーパーマーケットが，電話やインターネットで注文を受け商品を配達している。

　　え．地方公共団体が，ショッピングセンターに行く低料金のバスを運行させている。

（10）学校における，災害に対応し人命を救助するための取り組みとして，誤って述べたものを一つ選びなさい。

　　あ．消火活動などに必要な最低限の設備は，学校が保護者と相談して決めている。

　　い．体育館や保健室などに，AED（自動体外式除細動器）を設置している。

　　う．消防車が到着する前に消火活動ができるよう，消火栓を設置している。

　　え．グラウンドは避難所，プールの水は防火用水として利用することにしている。

2　次の文章を読み，下線部の番号に対応する後の問いに答えなさい。

> (1)水は私たちのくらしに欠かせないもので，私たちは水道によって水を手に入れています。(2)福山の水道は江戸時代の初めにつくられ，明治時代まで使われました。明治末になると，(3)新しい上水道の必要性が高まり，1916年の市制施行後に建設が始まり，(4)1925年に完成しました。戦後，(5)産業の発展や人口の増加によって，福山の水の需要は大幅に増えました。このため，ダムの建設や浄水場の増強などがおこなわれ，(6)安全な水の安定した供給がはかられてきました。

(1)水道や電気などは，私たちが生存し生活していく上で，絶対に必要なものです。

①それらを供給する施設や設備を何といいますか。カタカナで答えなさい。

②右表は家庭で使用する水の使いみち（割合）です。Aに入る語を，表の他の項目にあわせてカタカナで答えなさい。

A	ふろ	すい事	洗たく	その他
28%	24%	23%	16%	9%

（平成18年度　東京都水道局の調査より）

(2)この水道は福山藩主の水野勝成が整備し，水野氏は17世紀末まで福山藩主をつとめます。その時代の福山藩にかかわる出来事として誤っているものを二つ選びなさい。

あ．福山城が築城され，城下町が整備された。

い．干拓が積極的にすすめられ，新田が開発された。

う．服装を制約する藩の命令に対して，渋染一揆がおこった。

え．朝鮮通信使の一行が，藩の領内の港に立ち寄った。

お．藩主が幕府の代表として，アメリカとの条約交渉にあたった。

(3)これには，コレラなどの伝染病の問題が関係しています。

①新しい上水道には，安全な飲み水にするため，浄水場がつくられました。浄水場では，(a)～(c)がおこなわれますが，(a)～(c)の一般的な手順を選びなさい。

（a)ちんでん（ゴミや砂をしずめる），(b)消毒，(c)ろ過（水をこす）

あ．(a)→(b)→(c)　　　**い**．(b)→(a)→(c)　　　**う**．(c)→(a)→(b)

え．(a)→(c)→(b)　　　**お**．(b)→(c)→(a)　　　**か**．(c)→(b)→(a)

②コレラ菌はドイツのコッホによって発見されました。ドイツに留学してコッホから細菌学を学び，日本の医学の発展に貢献した医学者を選びなさい。

あ．野口英世　　　**い**．新島　襄　　　**う**．森　鷗外　　　**え**．北里柴三郎

(4)上水道が完成した1925年の日本の出来事として正しいものを一つ選びなさい。

あ．新しい天皇が即位し，この年の途中から，元号が明治から大正に変わった。

い．社会のしくみを根本から変えようとする運動を厳しく取りしまる法律ができた。

う．東京・大阪・名古屋の三つの都市で，テレビ放送が開始された。

え．選挙法が改正され，国民の半数が選挙権を持つようになった。

(5)産業の発展により，大量の工業用水が必要になります。全国の工場で水の使用量が最も多く，福山市や倉敷市の非常に大規模な工場でも使用量が多いものを選びなさい。

あ．原料用　　　**い**．洗浄用　　　**う**．冷却用　　　**え**．ボイラー用（蒸気や温水をつくりだす）

(6)「安全な水の安定した供給」は世界的な課題でもあり，2003年，国連総会は2005年～2015年を『『生命のための水』国際行動の10年」とすることを決議しました。

①次の文はその決議文の最初の部分で，水の重要さについて述べています。空らんに入る語の組合せとして正しいものを一つ選びなさい。

> 水は　a　の健全性，貧困と飢餓の根絶を含む　b　可能な　c　にとってきわめて重要であり，人間の健康と安寧に不可欠である。　※安寧＝生活が安らかなこと

あ．(a＝社会，b＝持続，c＝生存)　　　**い**．(a＝環境，b＝発展，c＝生存)

う．(a＝社会，b＝発展，c＝開発)　　　**え**．(a＝環境，b＝持続，c＝開発)

②日本のある都市が昨年，国連"生命の水"最優秀賞（水管理部門）を受賞しました。次の文はその都市について説明しています。空らんに入る語の組合せとして正しいものを一つ選びなさい。

> d　山の西の方に位置し，人口73万の県庁所在地である　e　市の一帯は，　d　山のめぐみにより地下水が豊富です。　e　市では，水道水源は地下水でまかなわれ，地下水保全に積極的に取り組んできました。それが評価され，この賞を受賞しました。

あ．(d＝阿蘇，e＝熊本)　　　**い**．(d＝阿蘇，e＝横浜)　　　**う**．(d＝阿蘇，e＝長野)

え．(d＝富士，e＝熊本)　　　**お**．(d＝富士，e＝横浜)　　　**か**．(d＝富士，e＝長野)

3　世界や日本に関する次の問いに答えなさい。

(1)世界に関する①～④の問いに答えなさい。

①北極から赤道までのおよその距離を，次から選びなさい。

あ．1万km　　　**い**．2万km　　　**う**．4万km　　　**え**．10万km　　　**お**．20万km　　　**か**．40万km

②地球の表面積のうち，海の部分が占めるおよその割合を，次から選びなさい。

あ．2割　　　**い**．3割　　　**う**．4割　　　**え**．5割　　　**お**．6割　　　**か**．7割　　　**き**．8割

③世界の大陸や大洋について，誤って述べたものを一つ選びなさい。

あ. オーストラリア大陸は，日本からみて南の方に位置している。

い. アフリカ大陸は，ヨーロッパからみて南の方に位置している。

う. オーストラリア大陸の西側は，インド洋に面している。

え. アフリカ大陸の西側は，太平洋に面している。

④世界の国々について，誤って述べたものを二つ選びなさい。

あ. カナダは東半球に位置する。　　　　**い**. ドイツは東半球に位置する。

う. エジプトはアフリカ大陸に位置する。　　**え**. ブラジルはアフリカ大陸に位置する。

お. インドネシアは島国である。　　　　**か**. フィリピンは島国である。

（2）日本の各地に関する①・②の問いに答えなさい。

①北海道や沖縄県について，誤って述べたものを一つ選びなさい。

あ. 北海道札幌市は梅雨がなく，平年では6月は一年の中でも降水量が少ない。

い. 北海道では，夏でもすずしい気候を利用してキャベツなどがつくられている。

う. 沖縄県那覇市の夏は非常に高温で，8月の平均気温は福山市よりも10℃以上高い。

え. 沖縄県では，水不足や風に強く，暖かい気候に合うサトウキビが栽培されている。

②次のA～Cは，それぞれ何県について述べていますか。ひらがなで答えなさい。

A. この県は，島原半島や平戸島，対馬など数多くの半島や島がある。広大な大陸棚が広がる東シナ海に面しているため，魚介類の水あげ量の多い港がいくつかみられる。工業では，戦前から造船業などがさかんである。

B. この県は，鈴鹿山脈や紀伊山地などの山々がみられる。複雑な海岸線のリアス海岸がみられる地域では，真珠などの養殖がさかんである。工業では，自動車や電気機械の製造，石油化学工業などが発達し，中京工業地帯の一部となっている。

C. この県の県庁所在地は，北上川沿いの盆地に位置する。内陸部で畜産などがさかんな一方，北上高地の東側の沿岸部では，沖合に寒流が流れるため魚介類の水あげ量の多い港がいくつかみられる。リアス海岸がみられる地域は，養殖もさかんである。

（3）日本の産業や貿易などのあゆみに関する①～③の問いに答えなさい。

①日本の農業のあゆみについて，誤って述べたものを一つ選びなさい。

あ. 鎌倉時代から，稲をかり取ったあとに麦などをつくる二毛作が広まった。

い. 江戸時代から，干したイワシが肥料として広く使われるようになった。

う. 1980年代から，トラクターなどの農業用機械が使われはじめた。

え. 現在，農薬や化学肥料の使用量をできるだけ減らした米づくりがみられる。

②日本の工業や経済などのあゆみについて，誤って述べたものを一つ選びなさい。

あ. 日清戦争の少し前から，工場の数が大きく増え，軽工業を中心に工業が発達した。

い. 第一次世界大戦がはじまると，日本の輸出額は大きく減少し，不景気となった。

う. 朝鮮戦争がはじまると，アメリカが大量の物資を日本に注文し，産業が活気づいた。

え. アメリカとソ連が対立していた時期，日本では15年以上続く高度経済成長があった。

③日本の貿易のあゆみについて，誤って述べたものを一つ選びなさい。

あ. 30年前は貿易赤字だったが，近年は貿易黒字が続き，その額が増大している。

い. 30年前は最大の輸入相手国はアメリカだったが，現在は中国となっている。

う. 30年前にくらべ，機械類をはじめとする工業製品の輸入額が増加している。

え. 30年前にくらべ，マグロやエビをはじめとする水産物の輸入額が増加している。

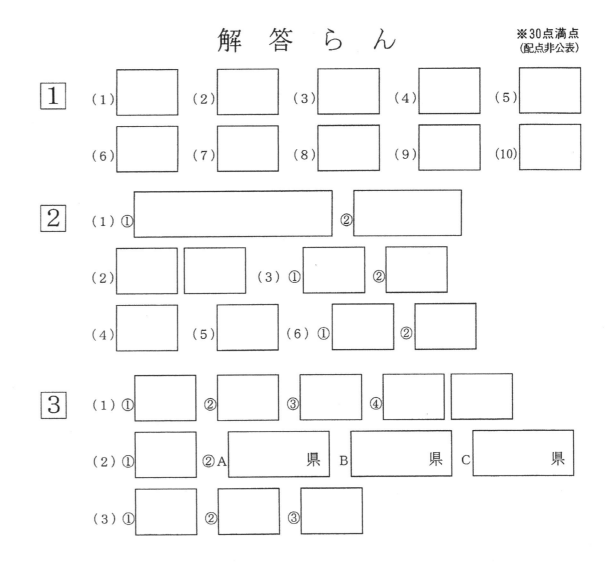

解答らん ※30点満点（配点非公表）

算　数　　　（3枚のうち，その1）

（注意）　(1)　答えは解答用紙にかきなさい。

　　　　　(2)　答えが整数にならないときは，小数で答えても分数で答えてもよろしい。

（50分）

1　次の □ の中にあてはまる数を答えなさい。

(1)　$6-1.4×\dfrac{8}{7}÷0.3$ を計算すると，答えは □ です。

(2)　4kg の 370% は □ g です。

(3)　右の図のような，2つの直方体を合わせた
　　形の容器があります。
　　　容器はうすい板でつくられていて，
　　板の厚さは考えないものとします。
　　この容器の容積は □ dL です。

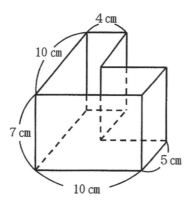

(4)　右の図のような台形ABCDがあり，
　　直線ADの長さは8cmで，直線BCの長さは12cmです。
　　　直線EFと直線ADは平行で，
　　直線EFの長さは4cmです。
　　　四角形AEFDの面積と，四角形EBCFの面積は，
　　どちらも21cm²です。

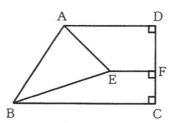

　　①　直線CFの長さは □ cmです。

　　②　三角形ABEの面積は □ cm²です。

(5)　5個の数字1，2，3，4，5から，2個の数字を選んで，
　　右の式の あ，い にあてはめて計算します。
　　あ と い には同じ数字をあてはめてはいけません。
　　たとえば，あ に1を，い に3をあてはめると，
　　$\dfrac{3}{1}+\dfrac{1}{3}$ を計算することになり，計算した答えは $\dfrac{10}{3}$ です。

$$\dfrac{い}{あ}+\dfrac{あ}{い}$$

　　①　あ に2を，い に3をあてはめて計算すると，計算した答えは □ です。

　　②　あ，い にどの数字をあてはめるかによって，
　　　計算した答えはいろいろあります。
　　　その中で，もっとも大きい答えは (ア) で，もっとも小さい答えは (イ) です。

(6)　右の図のような，1周300mの
　　円形のコースがあります。
　　　兄と弟が，A地点を同時に出発します。
　　兄は秒速5mで時計と反対まわりにこのコースを走り，
　　コースを1周するたびに，
　　A地点で30秒間だけ休けいします。
　　弟は秒速3mで時計まわりに
　　このコースを休けいしないで走ります。
　　　この2人が最初にすれちがうのは，
　　2人がA地点を同時に出発してから (ア) 秒後で，
　　次にこの2人がすれちがうのは，
　　2人がA地点を同時に出発してから (イ) 秒後です。

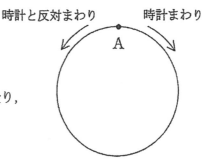

時計と反対まわり　　時計まわり

2　最初に 10 以上の整数を 1 つ考えます。

考えた整数のすべての位の数の和を求めます。

その和が 10 以上であれば，ふたたび，その和のすべての位の数の和を求めます。

これを和が 1 けたの整数になるまでくり返し，和が 1 けたの整数になれば，

そこで終わりとします。

たとえば，最初の整数が 1247 だとすると，すべての位の数の和は 14 になります。

14 のすべての位の数の和は 5 になるので，1247 は最後には 5 になります。

次の ◯ の中にあてはまる数を答えなさい。

⑴　最初の整数が 3315 だとすると，最後には ◯ になります。

⑵　最初の整数が ア だとすると，最後には イ になり，

ア と イ の和は 100 になります。

ア にあてはまる整数は ◯ で，イ にあてはまる整数は ◯ です。

⑶　最初の整数が ウ だとすると，

すべての位の数の和を求めることを 3 回くり返すことで，1 けたの整数になります。

ウ にあてはまる 4 けたの整数のうち，

もっとも大きい整数は ◯ で，もっとも小さい整数は ◯ です。

3　いくつかの点が線でむすばれた図形について，そのうちの 1 つの点を出発して，

線にそって進み，すべての点をめぐる方法を考えます。

ただし，一度通った線をもう一度通ることはできません。

また，出発した点や一度通った点をもう一度通ることはできません。

すべての点をめぐったところで終わりとします。

たとえば，図 1 のように 4 個の点が線でむすばれた図形

について考えます。このとき，図 2 のように，

点 S を出発してすべての点をめぐる方法は

全部で 2 とおりあります。

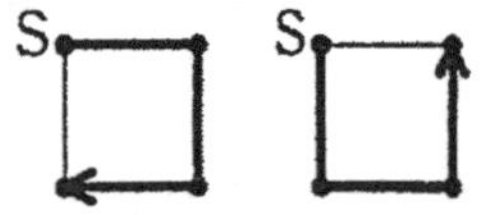

出発する点は S 以外の点でもよいので，

すべての点をめぐる方法は全部で 8 とおりあります。

次の ◯ の中にあてはまる数を答えなさい。

図1

図2

⑴　図 3 のように 6 個の点が線でむすばれた図形について考えます。

点 S を出発してすべての点をめぐる方法は

図 4 のように全部で 2 とおりあります。

また，点 T を出発してすべての点をめぐる方法は

全部で （ア） とおりあります。

出発する点は S 以外の点でも，

T 以外の点でもよいので，

すべての点をめぐる方法は全部で （イ） とおりあります。

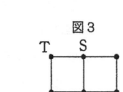
図3

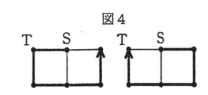
図4

⑵　図 5 のように 8 個の点が線でむすばれた図形

について考えます。

すべての点をめぐる方法は全部で ◯ とおりあります。

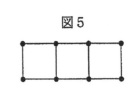
図5

⑶　図 6 のように 8 個の点が線でむすばれた図形

について考えます。

すべての点をめぐる方法は全部で ◯ とおりあります。

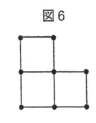
図6

受　検　番　号

※40 点満点
（配点非公表）

解　答　用　紙

1

(1) ☐

(2) ☐ g

(3) ☐ dL

(4) ① ☐ cm

② ☐ cm²

(5) ① ☐

② (ア) ☐

(イ) ☐

(6) (ア) ☐ 秒後

(イ) ☐ 秒後

2

(1) ☐

(2) ア にあてはまる整数は ☐

イ にあてはまる整数は ☐

(3) もっとも大きい整数は ☐

もっとも小さい整数は ☐

3

(1) (ア) ☐ とおり

(イ) ☐ とおり

(2) ☐ とおり

(3) ☐ とおり

理　科

（※社会と理科2科目合わせて50分）　（注意）　答えはすべて解答らんに記入しなさい。

1 身近な液体である水は，多くのものをとかすことができます。ホウ酸，食塩，ミョウバンのつぶを，それぞれ水にそれ以上とけなくなるまでとかし，とけた量を調べました。水温を30℃にして水の量を変えて調べた結果は図1のグラフになりました。また，水の量を50mLにして水の温度を変えて調べた結果は図2のグラフになりました。次の各問いに答えなさい。

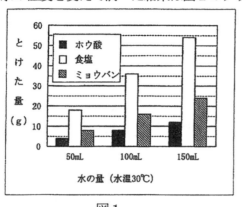
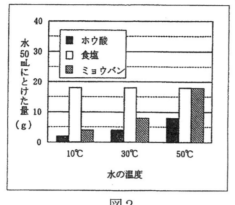

図1　　　　　　　　　　図2

(1) 右の図3は，液体をはかりとるための器具です。この器具を使って50mLの水をはかりとります。操作を説明する文として正しくなるように，次の（　ア　）～（　ウ　）にあてはまる言葉を答えなさい。

> 1．この器具を（　ア　）なところに置く。
> 2．水を50mLよりも少なめに入れる。
> 3．目の位置を（　イ　）と同じ高さにあわせて見ながら，（　ウ　）を使って少しずつ水を入れ，50mLにあわせる。

図3

(2) 「ものが水にとけた」とは，どのような状態ですか。次の文章中の（　エ　），（　オ　）にあてはまる言葉を答えなさい。

> 水の中でものの形が見えなくなり，液が（　エ　）になった状態を，ものが水にとけたという。また，その液を（　オ　）という。

(3) 次の①～④の組み合わせで調べたとき，つぶが完全にとけるものには〇，とけ残るものには×を，解答らんに書き入れなさい。

① 10℃の水100mLと，ホウ酸10g　　② 30℃の水200mLと，食塩50g

③ 50℃の水25mLと，ミョウバン5g　　④ 50℃の水25mLと，ホウ酸5g

(4) 50℃の水100mLにそれ以上とけなくなるまで食塩をとかしました。この液を10℃まで冷やしても，食塩のつぶはほとんど出てきませんでした。この液から食塩のつぶが出てくるようにするには，冷やす以外にどのような方法がありますか。「,」や「。」もふくめて10字以内で答えなさい。

2 モンシロチョウに関する次の文章を読み，あとの各問いに答えなさい。

キャベツ畑の①キャベツの葉にモンシロチョウの幼虫がいるのをみつけた。②図に示すのは，かきかけのスケッチである。幼虫を持ち帰って飼育したところ，幼虫は皮をぬいで大きくなり，やがてさなぎから成虫になった。成虫はからだが（　ア　），（　イ　），（　ウ　）の3つの部分に大きく分かれており，（　イ　）の部分には（　エ　）本のあしと（　オ　）枚のはねがあった。③成虫のからだは幼虫のからだとはずいぶんちがっていたが，つくりが似ているところもあり，そのことから，幼虫のどの部分が成虫の（　イ　）になるのかを考えることができた。

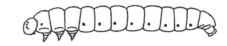

(1) 文章中の（　ア　）～（　オ　）にはどのような言葉や数字が入りますか。あてはまる言葉や数字を答えなさい。

(2) 下線部①について，モンシロチョウの幼虫はキャベツの葉にいますが，アゲハの幼虫はどのような植物の葉にいますか。次のア～オの中から1つ選び，記号で答えなさい。

　　ア．ヒマワリ　　イ．ホウセンカ　　ウ．ミカン　　エ．サクラ　　オ．イチョウ

(3) 下線部②について，図にはモンシロチョウの幼虫にあるはずのあしがかいてありません。解答らんの図に足りないあしをかき加えて，スケッチを完成させなさい。ただし，図は真横から見たところで，反対側のあしは見えないものとします。

(4) 下線部③について，解答らんの幼虫の図で，「成虫の（　イ　）になる」と考えられる部分を黒くぬりつぶしなさい。

3 空気，水，金属を熱したり，あたためたりしたときのようすについて調べました。次の各問いに答えなさい。

(1) 図1のように試験管の口にせっけん水のまくをはり，試験管を手で軽くにぎると，まくのようすが変化しました。

① あたためた後のせっけん水のまくのようすをかきなさい。ただし，せっけん水のまくは，やぶれていないものとします。

② せっけん水のまくのようすが変化したのは，空気のどのような性質によるものですか。簡単にまとめて答えなさい。

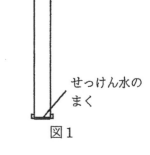

せっけん水のまく

図1

(2) 図2のように, ビーカーの中におがくずと水を入れます。図の中の(あ)～(え)は, 水の中の位置を表しています。図の中のAのところを熱しながら, しばらく観察すると, おがくずは決まった向きに動くようになりました。おがくずは, どのように動きましたか。次のア～カの中からもっとも適当なものを1つ選び, 記号で答えなさい。

ア. (い)→(あ)→(う)　　イ. (い)→(あ)→(え)

ウ. (い)→(う)→(え)　　エ. (え)→(あ)→(う)

オ. (え)→(い)→(う)　　カ. (え)→(う)→(あ)

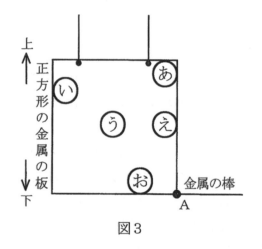

図2

(3) 図3のような正方形の金属の板に金属の棒をとりつけたものを用意します。図の中の(あ)～(お)は金属の板上の位置を表しています。図の(あ)が上, (お)が下になるようにつるし, 金属の棒を熱すると, 金属の板は図のAのところだけからあたたまっていきました。金属の板はどのような順であたたまっていきましたか。早くあたたまった順に, (あ)～(お)を並べて答えなさい。

図3

(4) (2)の水のあたたまり方や(3)の金属の板のあたたまり方について, 適当なものはどれですか。次のア～カの中から1つ選び, 記号で答えなさい。

ア. 水も金属の板もAに近いところから順にあたたまる。

イ. 水も金属の板も, はじめ上があたたまり, その後, 下があたたまる。

ウ. 水も金属の板も, はじめ下があたたまり, その後, 上があたたまる。

エ. 水はAに近いところから順にあたたまるが, 金属の板はちがう。

オ. 金属の板はAに近いところから順にあたたまるが, 水はちがう。

カ. 水も金属の板も真ん中が最後にあたたまる。

(5) (2)の水の動き方と関係していたり, それを利用していたりするものはどれですか。次のア～カの中からふさわしいものを2つ選び, 記号で答えなさい。

ア. 金属のおたまで, みそしるを長時間とりわけると, おたまの持ち手が熱くなる。

イ. 風のないところでのたき火のけむりはまっすぐ上にあがる。

ウ. 電気ストーブは, 金属の板で熱を反射させてものをあたためる。

エ. 熱気球は, 気球の中の空気をあたためて上にあがる。

オ. 夏は, 白い服よりも黒い服を着たときの方が暑い。

カ. 野菜や肉などをいためるために, 金属のフライパンを用いる。

(6) (3)のあたたまり方と関係していたり, それを利用していたりするものはどれですか。(5)のア～カの中からふさわしいものを2つ選び, 記号で答えなさい。

4 福山市を流れる芦田川は, 三原市大和町から, 世羅町, 府中市を通り, 福山平野から海に流れ出る全長86kmの曲がりくねった川です。このような川では, 台風などの大雨の際に水量が増し, こう水が起こることがあります。芦田川では, 江戸時代にこう水が起こり, 草戸千軒町という地域が土しゃにうまったという記録があります。その遺せきは約300年後に発くつされました。下流部に大雨が降っていなくても, 上流部の大雨により水量が増すことがあるので, こう水への対策として, 広はん囲での気象観測が重要となります。また, たび重なるこう水によってできた地層を調べることにより, 大地の何万年という歴史を知ることもできます。次の各問いに答えなさい。

(1) 右の図のように川が曲がったところがあります。図のA～Dの中で, 最もけずられやすいのはどこですか。記号で答えなさい。

(2) 広はん囲の気象観測をするために, 気象庁は国内約1300カ所に無人観測しせつを設置し自動計測を行うシステム (アメダス) を利用しています。次のア～カの中で, アメダスで観測していないものはどれですか。すべて選び, 記号で答えなさい。

ア. 雨量　　　　イ. 天気　　　　ウ. そう音

エ. 風向・風速　オ. 雲の種類　　カ. 気温

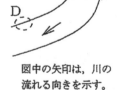

図中の矢印は, 川の流れる向きを示す。

(3) 日本付近を通過する台風の雲のようすを気象衛星から見た図として, 最もふさわしいものはどれですか。次のア～エの中から1つ選び, 記号で答えなさい。なお, 図の上が北を示します。

ア　　　　　イ　　　　　ウ　　　　　エ

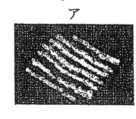 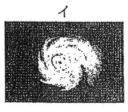 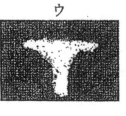 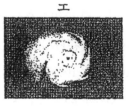

（4）下線部のようなことが起こるのは，流れる水のどのようなはたらきによりますか。3つのはたらきを答えなさい。

（5）地層について説明した次の文章中の（　ア　）～（　カ　）にあてはまる言葉を答えなさい。

　　海や湖の底で，色やつぶの大きさのちがう（　ア　），砂，（　イ　）などが層になって積み重なり，それが何度かくり返されて地層ができる。地層ができるときに生物などがうまると，（　ウ　）になることがある。

　　地層には，長い年月の間に固まって岩石になったものもある。（　ア　）が砂などと混じり，固まってできた岩石を（　エ　）という。同じような大きさの砂のつぶが固まってできた岩石を砂岩，（　イ　）の細かいつぶが固まってできた岩石を（　オ　）という。

　　地層には，上のような水のはたらきによってできたもののほかに，（　カ　）などが降り積もってできたものもある。（　カ　）のつぶを観察すると，角ばったものが多く，とう明なものもある。

解　答　ら　ん

1

(1)	ア		イ		ウ	
(2)	エ			オ		
(3)	①		②		③	④
(4)						

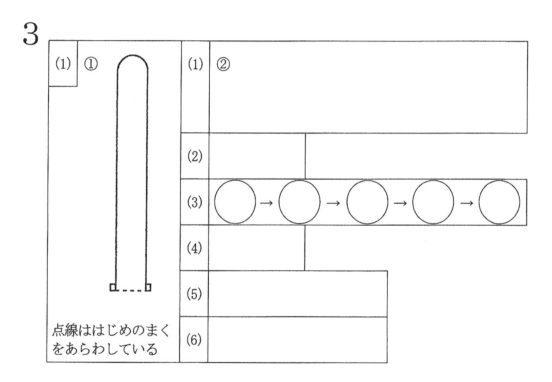

2

(1)	ア		イ		ウ	
	エ		オ		(2)	
(3)			(4)			

3

(1) ①	(1) ②
	(2)
	(3)
	(4)
	(5)
点線ははじめのまくをあらわしている	(6)

4

(1)		(2)		(3)	
(4)					
(5)	ア		イ		ウ	
	エ		オ		カ	

※30 点満点
（配点非公表）

（注意）　解答はすべて解答らんに記入しなさい。

1　日本の歴史や社会に関する以下の問いに答えなさい。選択肢がある問いについては，選択肢から一つ選び，その記号を答えなさい。

（1）天皇を中心とする国家づくりをめざして，中大兄皇子らが中心となって定めた政治の方針として，適切でないものを選びなさい。

　　あ．土地や民はすべて国家のものとすること。

　　い．農民が国に納める税の制度を統一すること。

　　う．都から役人を派遣し，地方を治めさせること。

　　え．人々に仏教の教えを伝え，仏教をさかんにすること。

（2）藤原道長が政治の中心にいた時代の様子について，誤って述べたものを選びなさい。

　　あ．中国の政治のしくみや文化を取り入れるために，遣隋使が送られた。

　　い．宮中の女性の中には，かな文字を使い，物語をつくる教養の高い女性もいた。

　　う．貴族は，毎年同じ時期に同じしきたりで同じ行事や儀式を行うことを大切にした。

　　え．地方では，武器をもって土地を守る豪族や有力な農民が現れ，力を蓄えていた。

（3）源頼朝について，誤って述べたものを選びなさい。

　　あ．父を戦で打ち負かした平清盛によって，伊豆に流された。

　　い．平氏の政治に不満をもつ関東の武士の協力で，平氏を倒す兵をあげた。

　　う．御家人を守護・地頭に任命することで，全国に支配を広げた。

　　え．平氏と同じように朝廷の重要な地位を一族で占め，強い力をもった。

（4）鎌倉・室町時代の人々の生活について，誤って述べたものを選びなさい。

　　あ．鎌倉時代の武士は，堀やへいで囲まれた館に住み，日ごろから弓矢や乗馬などの武芸の訓練をしていた。

　　い．鎌倉時代の農民は，収穫量を増やすため，備中ぐわや千歯こきなど，農具の改良に努めていた。

　　う．室町時代には，町や村の人々にも茶を飲む風習が広まり，各地で祭りや盆おどりがさかんになった。

　　え．室町時代には，『浦島太郎』や『ものぐさ太郎』などのおとぎ話の絵本がつくられ，人々に親しまれた。

（5）織田信長について，誤って述べたものを選びなさい。

　　あ．有力な仏教勢力に対抗するため，キリスト教を保護した。

　　い．農民が刀・やり・鉄砲そのほかの武器をもつことをかたく禁止した。

　　う．激しく抵抗した一向宗の中心であった石山本願寺を降伏させた。

　　え．安土城下では，商人や職人はだれでも自由に商工業ができるようにした。

（6）江戸時代の諸外国などとの交流について，誤って述べたものを選びなさい。

　　あ．オランダとの貿易では，生糸・さとう・毛織物などが輸入された。

　　い．アイヌとの交易では，松前藩を通してサケ・こんぶ・毛皮などが入ってきた。

　　う．中国の商人はキリスト教を広める恐れがないことで，長崎で交易が認められた。

　　え．中国との外交関係があった琉球は，幕府によって中国との貿易を禁止された。

（7）江戸時代の人々の暮らしについて，誤って述べたものを選びなさい。

　　あ．各地の工場で酒・しょう油などがつくられ，特産品となっていった。

　　い．商人が経済力を高め，大名に金を貸すような大商人も現れた。

　　う．歌川広重の描いた風景画など，世の中や人々の様子を描いた浮世絵が流行した。

　　え．大阪は「天下の台所」と呼ばれ，五街道すべてが大阪と結ばれていた。

（8）江戸時代の学問や教育について，誤って述べたものを選びなさい。

　　あ．幕府は，主君と家来，父と子などの上下関係を大切にする国学を重んじた。

　　い．伊能忠敬は，西洋の天文学や測量術を学び，全国を測量し日本地図をつくった。

　　う．武士や武士の子どもたちが学問や武道などを学ぶため，藩校がつくられた。

　　え．杉田玄白らは，オランダ語の書物を翻訳し，『解体新書』を出版した。

（9）明治政府は従来の年貢による納税方法を改め，地租改正を行いました。この税制改正の主な目的は何ですか。その目的として最も適切なものを選びなさい。

　　あ．税収を安定させること。

　　い．税収を大幅に増加させること。

　　う．税を納める金額を軽減し，国民の生活を安定させること。

　　え．農民と町人との間の税の不平等をなくすこと。

（10）明治政府ができたころ，特定の藩の出身者が多く政府の要職に就きました。

　　①そうした当時の政府のあり様を厳しく批判し，広く国民の声を聞くことの大切さを訴えた人物を選びなさい。

　　あ．伊藤博文　　い．大久保利通　　う．板垣退助　　え．岩倉具視

　　②上の①にあてはまる人物が，当時の政治のあり様を厳しく批判して起こした行動として，正しく述べたものを選びなさい。

　　あ．すべての国民に対する教育の普及を求める運動を起こした。

　　い．国会を開設することを求める運動を起こした。

　　う．欧米の政治のしくみや文化を学ぶために，使節団の派遣を求めた。

　　え．政府の考えを正そうと，同じ不満をもつ武士を集めて戦争を起こした。

（11）1886年，和歌山県沖で船の遭難事件が起き，多くの日本人が犠牲になりました。この事件に関して行われたイギリス人の外交官による裁判で，イギリス人船長は「乗客を救おうとしたが，ボートに乗ろうとしなかった」などと述べ，結局船長は軽い罪にされただけでした。この判決に対しては多くの国民が激しく反発しました。この裁判の背景にあった，裁判に関する権利を漢字で答えなさい。

(12)大正時代の社会の様子について，誤って述べたものを選びなさい。

　あ．納税額に関係なく一定年齢以上の人が選挙権をもつことを求める運動が高まった。

　い．女性が，デパートの店員やバスの車掌などの職業に就くようになった。

　う．ほとんどの農民が自分の土地をもち，その土地を耕すことができるようになった。

　え．工場で働く人々の生活改善を求める労働運動がさかんになった。

(13)日本は中国大陸に勢力をのばし，戦争への道をつき進むことになりました。次のA〜Dのでき事を古いものから年代順に並べたものを，後の**あ**〜**く**から選びなさい。

　　A．満州国がつくられた。
　　B．日本軍と中国軍が北京の郊外で衝突した。
　　C．日本は国際連盟を脱退した。
　　D．柳条湖で南満州鉄道の線路が爆破される事件が起こった。

　あ．A→C→D→B　　**い**．A→D→B→C　　**う**．B→D→C→A

　え．B→A→D→C　　**お**．C→B→A→D　　**か**．C→A→B→D

　き．D→A→C→B　　**く**．D→B→C→A

(14)戦後，日本で初めてオリンピックが開かれた頃のでき事として，適切でないものを選びなさい。

　あ．日本が国際連合に加盟することを認められ，国際社会に復帰した。

　い．各家庭に電気洗濯機・電気冷蔵庫などの電化製品が普及した。

　う．中学校を卒業した若者が「金の卵」と呼ばれ，東京などの都会へ働きに出た。

　え．太平洋沿岸部に多くの重化学コンビナートが建設された。

(15)現在の日本の国会について，誤って述べたものを選びなさい。

　あ．国会議員の中から，内閣の最高責任者である内閣総理大臣が選ばれる。

　い．衆議院の議員数は，2014年12月の選挙の際に5名減り，475名となった。

　う．国会で国の予算(年間の収入と支出)案がつくられ，内閣で審議され決定される。

　え．国会議員の選挙で投票できる人は，満20歳以上で，日本国民に限られている。

|2|　日本の自然と産業に関する以下の問いに答えなさい。解答は，選択肢から一つ選び，その記号を答えなさい。

(1)気候について，誤って述べたものを選びなさい。

　あ．本州の日本海側で冬に雪が多くなるのは，北東から湿った季節風が吹くからである。

　い．太平洋側で夏から秋に雨が多くなるのは，梅雨や台風の影響があるからである。

　う．瀬戸内地域で雨が少なくなるのは，山地にはさまれているからである。

　え．中央高地で夏と冬の気温差が大きくなるのは，山がちで盆地が多いからである。

(2)現在も火山活動を続けている火山が日本各地にあり，そのいくつかは2014年に注目を集めました。次の**あ**〜**え**の地方の中には，火山活動を続けている火山が存在しないものがあります。その地方を選びなさい。

　あ．九州地方　　**い**．北海道地方　　**う**．中部地方　　**え**．四国地方

(3)平野の名前とそこでつくられる代表的な作物の組み合わせとして，正しいものを選びなさい。

　あ．十勝平野：さつまいも　　　　**い**．庄内平野：レタス

　う．高知平野：じゃがいも　　　　**え**．宮崎平野：ピーマン

(4)現在の米づくりと農家について，正しく述べたものを選びなさい。

　あ．ほとんどの地域では，2月から3月にかけて田おこしや田植えがおこなわれる。

　い．農家は高齢化が進んでおり，農家の数がしだいに減少している。

　う．米の一年間の生産量は，東北地方よりも九州地方の方が多い。

　え．和食が無形文化遺産に登録されたので，米の年間消費量が大幅に伸び続けている。

(5)現在の工業原料の輸入と工業製品の輸出について，誤って述べたものを選びなさい。

　あ．鉄鉱石は，主にオーストラリアやブラジルから輸入されている。

　い．石油のほとんどは，太平洋を取り囲む地域から輸入されている。

　う．輸出額のうち最も大きい割合を占めるのは，機械類である。

　え．工業製品の輸出先で最も輸出額が大きい地域は，アジアである。

(6)次の表は，2012年における工業地帯・工業地域の製造品出荷額と，出荷額全体に占める金属工業・機械工業・化学工業の割合を示しています。①〜③には北九州工業地帯，瀬戸内工業地域，京葉工業地域のいずれかが入ります。①・②に入るものの組み合わせとして正しいものを選びなさい。　　（表は『日本国勢図会　2014/2015』より作成）

工業地帯・地域名	製造品出荷額	金属工業	機械工業	化学工業
中京工業地帯	503,698億円	10.4%	65.8%	7.5%
①	291,799億円	18.9%	31.1%	27.0%
②	124,382億円	20.6%	14.5%	43.4%
③	83,781億円	16.3%	41.5%	6.6%

　あ．①－京葉工業地域　　②－北九州工業地帯

　い．①－京葉工業地域　　②－瀬戸内工業地域

　う．①－北九州工業地帯　　②－京葉工業地域

　え．①－北九州工業地帯　　②－瀬戸内工業地域

　お．①－瀬戸内工業地域　　②－京葉工業地域

　か．①－瀬戸内工業地域　　②－北九州工業地帯

(7)次の①〜④は，人々の生活を変えたものです。①〜④が世の中に広まった順番として正しいものを選びなさい。

　① スマートフォン　　② テレビ　　③ ラジオ　　④ インターネット

　あ．②→④→③→①　　**い**．②→③→①→④　　**う**．③→②→④→①　　**え**．③→④→①→②

受検番号

3　地図に関する以下の問いに答えなさい。解答は，選択肢から一つ選び，その記号を答えなさい。

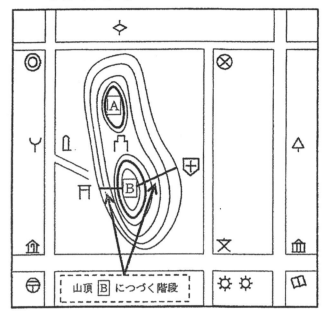

（1）左の地図について誤って述べたものを選びなさい。ただし，この地図の方位は，上が北で下が南です。

あ．小学校から見て，市役所は北西の方にある。

い．小学校から見て，老人ホームは西の方にある。

う．城あとから見て，消防署は東の方にある。

え．城あとから見て，警察署は北東の方にある。

（2）上の地図の中央部にあるしま模様の線を地形図の等高線だと考えて，X・Yの各文を読み，その正誤の組み合わせとして正しいものを選びなさい。

> X．山頂Aと山頂Bとを比べると，山頂Aの方が標高が高い。
> Y．神社から山頂Bにつづく階段と，病院から山頂Bにつづく階段とを比べると，病院から山頂Bにつづく階段の方が角度が急である。

あ．X－正 Y－正　**い**．X－正 Y－誤　**う**．X－誤 Y－正　**え**．X－誤 Y－誤

4　（1）～（4）は，それぞれ日本の自然災害や防災・安全，環境保全に関するX・Yの文を記しています。（1）～（4）について，X・Yの各文の正誤の組み合わせとして正しいものを，それぞれ次の**あ**～**え**から一つ選び，その記号を答えなさい。

> **あ**．X－正 Y－正　**い**．X－正 Y－誤　**う**．X－誤 Y－正　**え**．X－誤 Y－誤

（1）大雨による災害について述べた文です。

X．河川の堤防が壊れた場合などを予測して，住民の避難に役立つように洪水ハザードマップがつくられている。

Y．大雨の時には，がけ崩れ・地すべり・土石流が発生する可能性が高まる。

（2）道路交通と事故について述べた文です。

X．自転車に乗っている人は，道路標識や道路標示に従わなければならない。

Y．2013年の交通事故死亡者数を比べると，65歳以上の高齢者よりも中学生・高校生の方が多い。

（3）環境保全の取り組みについて述べた文です。

X．河川や湖の水質をよくするため，下水道の普及が進められている。

Y．土砂災害を防ぐため，小さな河川などに砂防ダムが設置されている。

（4）資源を大切にする取り組みについて述べた文です。

X．「リデュース」とは，ものを捨てずに繰り返し使うことである。

Y．家庭用の電気洗濯機や電気冷蔵庫などから，資源として使える部分や材料を取り出して再利用しなければならないことを定めた法律がつくられた。

解　答　らん

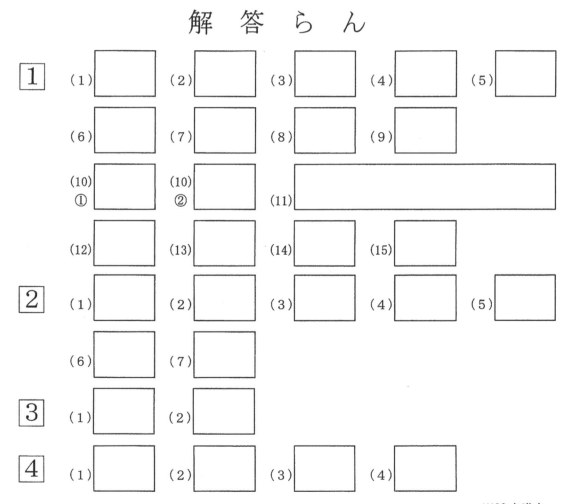

※30点満点
（配点非公表）

算　数　　（3枚のうち，その1）

（注意）　⑴　答えは解答用紙にかきなさい。

　　　　　⑵　答えが整数にならないときは，小数で答えても分数で答えてもよろしい。

（50分）

1　次の □ の中にあてはまる数を答えなさい。

⑴　$\dfrac{8}{3} - 1.2 \div \dfrac{8}{17} + \dfrac{3}{4}$ を計算すると，答えは □ です。

⑵　Aさんは，半径130mの円形のコースを秒速1.57mで走ります。

　　円周率を3.14として計算すると，

　　Aさんがコースを1周するのに □ 分 □ 秒かかります。

⑶　ある学校の昨年度の男子の人数は175人，女子の人数は180人でした。

　　今年度の男子の人数は，昨年度の男子の人数より8％増え，

　　今年度の女子の人数は，昨年度の女子の人数より5％減りました。

　　今年度の男子の人数と今年度の女子の人数の比を，

　　できるだけかんたんな整数の比で表すと， □ : □ になります。

⑷　右の図のような，2つの直方体を合わせた

　　形の容器が水平に置いてあります。

　　容器はうすい板でつくられていて，

　　板の厚さは考えないものとします。

　　この容器に，水が入っていない状態から，

　　毎秒0.2Lの割合で水を入れます。

　　水を入れ始めてから □ 分 □ 秒後に容器は満水になります。

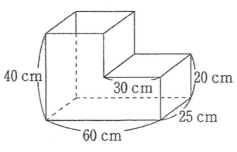

40 cm　30 cm　20 cm　25 cm　60 cm

⑸　小学生が18人，中学生が18人出席する予定の交流会で，

　　126個のアメが用意されていました。

　　しかし，交流会当日に何人かが欠席しました。

　　出席した小学生全員に3個ずつ，出席した中学生全員に4個ずつアメを配ったところ，

　　アメが26個だけ残りました。また，出席した中学生の人数は奇数でした。

　　この日の交流会に出席した小学生の人数は （ア） 人で，

　　出席した中学生の人数は （イ） 人です。

⑹　右の図で，四角形ABCDは1辺の長さが5cmの

　　正方形です。

　　点Eは辺AD上の点で，直線AEの長さは2cmです。

　　点Fは辺BC上の点で，直線EFは辺ABと平行です。

　　点Gは辺AB上の点で，直線GBの長さは2cmです。

　　点Pは直線EF上の点で，直線EPの長さは $\dfrac{4}{5}$ cmです。

　　点Qは直線GDと直線EFが交わる点です。

　　点Rは直線EF上の点で，三角形DGRの面積は4cm²です。

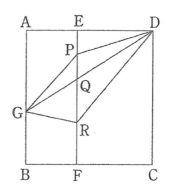

①　三角形PGDの面積は □ cm²です。

②　直線QRの長さは □ cmです。

⑺　1より小さい分数で，約分できないものを考えます。

①　分母が10以下である分数は全部で □ 個あります。

②　分母が10以下である分数の中で $\dfrac{19}{26}$ にいちばん近い分数は □ です。

2　図1のような，1つのマス目の中に
1から20までの数がひとつずつ書いてある
ゲームばんがあります。

1	2	3	4	5
6	7	8	9	10
11	12	13	14	15
16	17	18	19	20

図1

　まず，このゲームばんの1のマス目に
コインを置きます。
このコインを右か下へ1マスずつ進めていきます。
下へ進められないときは右へ，右へ進められない
ときは下へ進めます。20のマス目に着いたら
進めるのをやめます。そして，コインがあった
マス目の数の和を求めて，ゲームを終わります。
　このゲームでコインの進め方はいろいろあります。
　たとえば，コインを図2のように

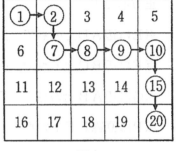

図2

　　　　1→2→7→8→9→10→15→20
と進めたとき，
和は1+2+7+8+9+10+15+20を計算して
72になります。
　次の　　　の中にあてはまる数を答えなさい。

⑴　このゲームで，和がもっとも大きくなるような進め方は
　　　1→□→□→□→□→□→□→20
です。このときの和は□です。

⑵　このゲームで，和が104となるような進め方は
　　　1→□→□→□→□→□→□→20
です。

⑶　このゲームで，和が96となるような進め方は
　　　1→□→□→□→□→□→□→20
です。答えは3つあります。

3　白い材質でできた，たて39cm，横39cm，高さ52cmの直方体があります。
　この直方体のすべての表面に赤色をぬります。
　色をぬったあとのこの直方体を立体Aということにします。
　立体Aを同じ大きさの立方体に切り分けます。
　次の　　　の中にあてはまる数を答えなさい。

⑴　立体Aを1辺の長さが13cmの立方体に切り分けると，
　赤い面が1つの立方体は全部で　(ア)　個，
　赤い面が2つの立方体は全部で　(イ)　個，
　赤い面が3つの立方体は全部で　(ウ)　個できます。

⑵　立体Aを1辺の長さが$\frac{13}{3}$cmの立方体に切り分けると，
　赤い面が1つの立方体は全部で　(ア)　個，
　赤い面が2つの立方体は全部で　(イ)　個，
　赤い面が3つの立方体は全部で　(ウ)　個できます。

⑶　立体Aを1辺の長さが　(ア)　cmの立方体に切り分けると，
　赤い面が1つの立方体は全部で　(イ)　個，
　赤い面が2つの立方体は全部で256個，
　赤い面が3つの立方体は全部で　(ウ)　個できます。

受 検 番 号

※40 点満点
（配点非公表）

解 答 用 紙

1

(1) ☐

(2) ☐ 分 ☐ 秒

(3) ☐ ： ☐

(4) ☐ 分 ☐ 秒

(5) (ア) ☐ 人

(イ) ☐ 人

(6) ① ☐ cm²

② ☐ cm

(7) ① ☐ 個

② ☐

2

(1) 1→ ☐ → ☐ → ☐ → ☐ → ☐ → ☐ →20

このときの和は ☐ です。

(2) 1→ ☐ → ☐ → ☐ → ☐ → ☐ → ☐ →20

(3) 1→ ☐ → ☐ → ☐ → ☐ → ☐ → ☐ →20

1→ ☐ → ☐ → ☐ → ☐ → ☐ → ☐ →20

1→ ☐ → ☐ → ☐ → ☐ → ☐ → ☐ →20

3

(1) (ア) ☐ 個　(イ) ☐ 個　(ウ) ☐ 個

(2) (ア) ☐ 個　(イ) ☐ 個　(ウ) ☐ 個

(3) (ア) ☐ cm　(イ) ☐ 個　(ウ) ☐ 個

（※社会と理科2科目合わせて50分）　　　（注意）答えはすべて解答らんに記入しなさい。

1 電磁石に関する実験をしました。あとの各問いに答えなさい。

【実験】長さの異なるエナメル線を用意し，同じ大きさの鉄くぎに巻きつけ，いろいろなコイルを作りました。これらのコイルに電池をつなぎ，クリップがつく数を数えることで電磁石の強さを調べました。図1は，次の表の電磁石①の実験のようすです。

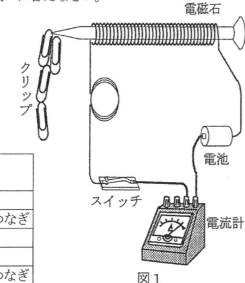

図1

電磁石	コイルの巻き数	エナメル線の長さ	電池
電磁石①	100 回	2.5m	1個
電磁石②	100 回	2.5m	2個直列つなぎ
電磁石③	100 回	5.0m	1個
電磁石④	200 回	5.0m	1個
電磁石⑤	200 回	5.0m	2個直列つなぎ

(1) コイルに電流を流すときの注意として，「危険なので，必要なときだけ電流を流すようにしましょう」と言われました。なぜ危険なのか，「，」や「。」もふくめて15字以内で答えなさい。

(2) 電磁石①のまわりに3つの方位磁針A，B，Cを置き，コイルに電流を流すと針がふれ，Aは図2のようになりました。BとCの針のようすを，Aにならって解答らんの図の中にかき入れなさい。

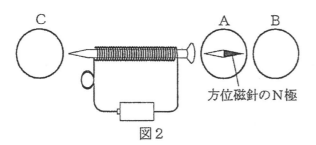

図2

方位磁針のN極

(3) 下のア～カの中で，次のAやBの関係を確かめるための組み合わせとして適切なものはどれですか。それぞれ1つずつ選び，記号で答えなさい。
　　A：コイルの巻き数と電磁石の強さの関係
　　B：コイルに流れる電流と電磁石の強さの関係
　　　ア．電磁石①と電磁石②　　　イ．電磁石①と電磁石④　　　ウ．電磁石②と電磁石④
　　　エ．電磁石②と電磁石⑤　　　オ．電磁石③と電磁石④　　　カ．電磁石③と電磁石⑤

(4) 電磁石は，リサイクル工場で使われています。次のア～キのうち，電磁石につくものはどれですか。すべて選び，記号で答えなさい。
　　　ア．アルミニウムかん　　　イ．銅でできた電線　　　ウ．スチールウール
　　　エ．鉄でできたなべ　　　オ．ペットボトル　　　カ．木の板　　　キ．ガラスびん

2 がけに，しま模様になっている地層が見られました。次の各問いに答えなさい。

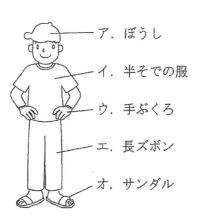

ア．ぼうし
イ．半そでの服
ウ．手ぶくろ
エ．長ズボン
オ．サンダル

(1) がけに見られる地層の観察には，どのような服装で行きますか。観察するときの服装としてふさわしくないものを，右の図のア～オの中から2つ選び，記号で答えなさい。

(2) がけや切り通しがみられない場所の地層を調べるために，地下の土や岩石をほり取る調査を何といいますか。

(3) 地層には，水のはたらきによってできた地層と，火山のはたらきによってできた地層があります。次のア～オの地層のうち，水のはたらきによってできたと考えられるものを3つ選び，記号で答えなさい。
　　ア．角がとれて，まるみを帯びているれきをふくむ地層
　　イ．1つの層の中で，大きいつぶの上に，小さいつぶが積み重なっている地層
　　ウ．やわらかい土と角ばった岩石が積み重なっている地層
　　エ．魚や貝，木の葉などの化石がふくまれている地層
　　オ．ごつごつした角ばった石や，小さなあながたくさんあいた石をふくむ地層

(4) 火山のはたらきによってできた地層には，火山灰が積もってできたものがあります。火山灰の中のつぶを，そう眼実体けんび鏡を使って観察するとき，観察するつぶを火山灰からどのようにして取り出しますか。「，」や「。」をふくめて15字以内で答えなさい。

(5) 日本は世界の中でも多くの火山がある国です。最近の3年間でも，日本では多くの火山がふん火して，いろいろな災害が発生しました。次のア～オのうち，最近の3年間でふん火したところをすべて選び，記号で答えなさい。
　　ア．大山（だいせん）　　　イ．御嶽山（おんたけさん）　　　ウ．阿蘇山（あそさん）
　　エ．富士山（ふじさん）　　　オ．口永良部島（くちのえらぶじま）

(6) 地下で大きな力がはたらき，大地に断層が生じると地しんが起こります。地しんに関する次のア～エの文のうち，正しいものをすべて選び，記号で答えなさい。
　　ア．地しんは地下の深い場所で発生するので，断層が地表に現れることはない。
　　イ．地しんによる大きなゆれで，建物や道路などがこわれたり，火災が発生したりすることがある。
　　ウ．地しんによって津波が発生することがあるが，対策を立てておくのは海岸にごく近い場所だけでよい。
　　エ．これまでに起こった地しんを語りつぐことは，将来のひ害を少なくするために大切である。

3 ホウセンカを用いて，実験を行いました。これについて，あとの各問いに答えなさい。

図1

【実験1】
① ホウセンカを土からほり上げ，根についた土を水の中で洗い落とした。
② 図1のように①のホウセンカを赤い色水に入れた。
③ くき，葉が染まったら，それぞれの部分を切断して，切り口を観察した。

(1) 図2のように，くきの一部を点線部分で切断し，切り口を観察しました。切り口はどのように染まっていましたか。もっとも近いものを次のア～エの中から1つ選び，記号で答えなさい。

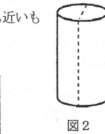

図2

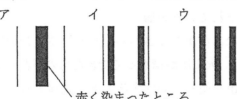

赤く染まったところ

(2) 図3のように，葉を点線部分で切断し，切り口を観察しました。切り口はどのように染まっていましたか。もっとも近いものを次のア～エの中から1つ選び，記号で答えなさい。

図3

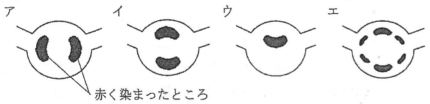

赤く染まったところ

(3) 実験1について，正しく説明した文はどれですか。次のア～ウの中から1つ選び，記号で答えなさい。
　　ア．この実験により，くきから葉へと続く，水の通り道があることがわかる。
　　イ．この実験により，葉にでんぷんができることがわかる。
　　ウ．この実験では，葉まで水が移動したのかどうかはわからない。

【実験2】
① 葉を折り曲げ，葉の裏のうすい皮をはがした。
② （　ア　）に水を1てきと，はがした皮をのせて，その上から（　イ　）を空気が入らないようにのせた。
③ ②でつくったものをけんび鏡で観察した。

(4) （　ア　）と（　イ　）にあてはまる実験器具の名前を答えなさい。

(5) 図4は【実験2】で観察したときのようすです。水が水蒸気となって出ていくあなと考えられる部分はどこですか。解答らんの図の中で，あてはまるところをすべて黒くぬりつぶしなさい。

(6) 植物のからだから，水が水蒸気となって出ていくことを何といいますか。漢字で答えなさい。

図4

4 空気はいくつかの気体が混じり合ってできています。空気中にふくまれる3種類の気体A，B，Cと，空気について，次の実験をしました。あとの各問いに答えなさい。

【実験1】A，B，Cをそれぞれ別のびん（集気びん）に入れ，そのびんの中に火のついたろうそくを入れて，すばやくふたをしました。ろうそくの火が消えた後，石かい水をすばやくびんに入れ，ふたをしてふりました。その結果が次の表です。

気体	A	B	C
火のついたろうそく	激しく燃えた	すぐに火が消えた	すぐに火が消えた
石かい水	白くにごった	変化はなかった	白くにごった

【実験2】びんに空気を入れ，そのびんの中に火のついたろうそくを入れてすばやくふたをすると，やがて火が消えました。また，この実験の前後で，びんの中のA，B，Cのうち，空気にふくまれる体積の割合が変化したものが2つありました。

【実験3】A，B，Cをそれぞれ水が半分入ったペットボトルに入れ，ふたをしてよくふりました。すると，そのうちの1つのペットボトルがへこみ，水よう液Dができました。

(1) 【実験1】のA，B，Cのうち，1つは空気中での体積の割合がもっとも大きい気体です。その気体の名前を答えなさい。また，それはA，B，Cのどれですか。記号で答えなさい。

(2) 【実験2】で，空気にふくまれる気体の体積の割合を測定する器具を何といいますか。漢字5字で答えなさい。

(3) 【実験2】の前後で，びんの中にあるA，B，Cの体積の割合は，それぞれどのように変化したと考えられますか。もっとも適当なものを次のア～エの中から選び，記号で答えなさい。

　　ア．増えた　　　イ．減った　　　ウ．無くなった　　　エ．変化はなかった

(4) 動物や植物も，生きていくために空気中の気体の体積の割合を変化させます。

① 空気中の気体の体積の割合について，【実験2】で増えた気体が，生物のはたらきによって減ることがあります。この生物は動物，植物のどちらですか。

② ①の生物のはたらきが起こるとき，その生物，空気中の気体とともになくてはならない条件は何ですか。1つ答えなさい。

(5) 【実験3】で，ペットボトルがへこんだ気体はA，B，Cのうちどれですか。また，このときできた水よう液Dを何といいますか。

(6) 食塩水，うすい塩酸，石かい水，水よう液Dのうち，次の①～③の全てを満たすものはどれですか。

① 赤色リトマス紙の色を変化させなかった。

② 水よう液を蒸発皿にとり，蒸発させると，何も残らなかった。

③ 蒸発させるとき，独特のにおいがした。

解 答 ら ん

1

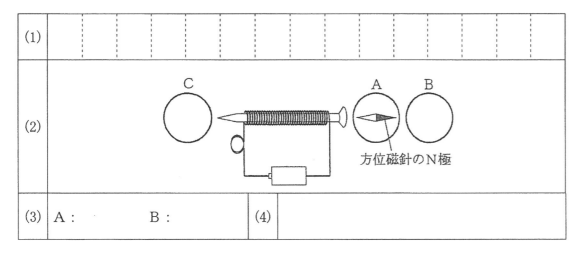

(1)							
(2)							
(3)	A:	B:	(4)				

2

(1)		(2)		調査	(3)	
(4)						
(5)		(6)				

3

(1)		(2)		(3)		(5)
(4)	ア					
	イ					
(6)						

4

(1)	気体の名前：				記号：
(2)			(3)	A:	B:　　　C:
(4)	①		②		
(5)	気体：	水よう液D：			
(6)					

※30点満点
(配点非公表)

（注意）　解答は，すべて解答らんに記入しなさい。
　　　　　選択しのある問いは記号で一つ答えなさい。

1 次の会話文を読み，問1・問2に答えなさい。

ひろし（以下「ひ」）：日本の世界遺産は，いくつあるんだろう？

みさえ（以下「み」）：(1)自然遺産が4，文化遺産が15，合計19よ。

ひ：文化遺産には「（　ア　）銀山遺跡とその文化的景観」という産業遺産があるね。

み：（　ア　）銀山は，今から約500年前に開発された島根県の銀山で，当時の世界の銀の約三分の一を産出し，外国との貿易の際にさかんに輸出されていたそうね。

ひ：「富岡製糸場と絹産業遺産群」，「明治日本の産業革命遺産　製鉄・製鋼，造船，石炭産業」は，明治時代以降の日本の発展を示す産業遺産なんだ。

み：日本の技術や産業製品が，国と国を結ぶかけ橋となった例なのね。

ひ：広島県にある(2)「厳島神社」と岩手県にある「平泉－仏国土（浄土）を表す建築・庭園及び考古学的遺跡群－」の2つは(3)平安時代に栄えた文化遺産だよね。

み：そう。だけど，延暦寺や(4)二条城のように，日本の歴史を長い間見続けてきた数多くの社寺をふくむ「古都京都の文化財」という文化遺産もあるの。

ひ：広島県にはもう1つ世界文化遺産があるよね。

み：(5)今から20年前に登録された「原爆ドーム」は，核兵器の悲惨さを伝える貴重な建物よ。(6)原子爆弾が投下されるまでの15年間，日本は多くの国と戦争をしたの。

ひ：原爆ドームを保存するということは，戦争を二度と起こさないという強い決意の表れといえるんだね。

み：4年後には，(7)東京オリンピックが開催されることが決定しているわ。どのような国になるべきかをよく考えることは，今を生きる私たちの使命なのね。

問1　会話文中の（　ア　）に入る語を，ひらがなで答えなさい。

問2　会話文中の下線部の番号に対応した，以下の（1）～（7）の問いに答えなさい。

（1）自然遺産の名称と所在道県名の組み合わせとして，誤っているものを選びなさい。

あ．白神山地＝秋田県・青森県　　**い**．知床＝北海道

う．小笠原諸島＝静岡県　　**え**．屋久島＝鹿児島県

（2）海上交通の安全を祈り，厳島神社を守り神としてまつったのは平清盛でした。平清盛の死後，わずか4年で平氏が滅亡した理由について，誤って述べたものを選びなさい。

あ．平氏一族が朝廷で強い力を持ち，政治を思うままに動かすようになったため。

い．多くの武士が，領地を認めてくれる新しいかしらとして，源頼朝に味方したため。

う．源頼朝の弟の源義経たち率いる源氏軍が，平氏との戦いを優位に進めたため。

え．朝廷が，源頼朝を征夷大将軍に任命したため。

（3）この時代のようすについて，誤って述べたものを選びなさい。

あ．寝殿造の大きな屋敷に住む貴族の生活が，大和絵に描かれるようになった。

い．仏教の力で社会の不安をしずめ国を治めるため，各国に国分寺，東大寺に大仏を造った。

う．藤原氏は，娘を天皇の后とし，天皇とのつながりを強くして大きな権力をふるった。

え．漢字全体をくずしたひらがなや，漢字の一部を省略したかたかなが使われはじめた。

（4）この城は，徳川家康が征夷大将軍就任の祝賀の儀式をおこなった場所であり，徳川慶喜が大政奉還の決意を明らかにした場所でもあります。

①江戸幕府が，安定した全国支配を続けるためにおこなったくふうについて，誤って述べたものを選びなさい。

あ．有力な外様大名を，江戸から近い場所に配置して監視した。

い．武家諸法度を定め，違反した大名を厳しく罰した。

う．政治的または経済的に重要な都市の多くを，直接支配した。

え．全人口の80％以上を占める農民に，重い年貢の納入を義務づけた。

②大政奉還がおこなわれた時は，次のA～Cのできごとがおこった時とどのような関係か。正しいものを選びなさい。ただしA～Cは古いできごとから新しいできごとになるよう並べてあります。

A．日米修好通商条約が結ばれ，外国との貿易が始まった。

B．長州藩や薩摩藩は，外国との貿易に反対し，外国と戦った。

C．天皇の名で，五箇条の御誓文という新しい政治の方針が定められた。

あ．Aより前　　**い**．AとBの間　　**う**．BとCの間　　**え**．Cより後

（5）この年開催されたアトランタオリンピックには，オリンピックの歴史上初めて，車いす選手が参加しました。オリンピックと同じ時期・同じ場所で開催される，主に身体障がい者を対象とした世界最高峰の競技大会の名称を，カタカナで答えなさい。

（6）この期間の日本の社会のようすについて，誤って述べたものを選びなさい。

あ．小学生は集団でいなかに疎開し，中学生は工場などに動員されるようになった。

い．与謝野晶子は，戦地に行く弟を思い，戦争に反対する詩を発表した。

う．日常生活物資が不足してきたため，米や衣料などが配給制となった。

え．軍事施設や工場だけでなく，住宅地も爆撃され，多くの都市が焼け野原となった。

（7）日本では，1964年に東京オリンピックが開催されました。1960年代におこったできごとではないものを選びなさい。

あ．東京・大阪間に，東海道新幹線が開通した。

い．国際連合への加盟が認められ，日本が国際社会に復帰した。

う．日本の国民総生産（GNP）は，アメリカに次いで世界2位となった。

え．電気冷蔵庫など三種の神器といわれる家庭電化製品が，急速に普及した。

2 都道府県や市町村の特色について，以下の問1～問3に答えなさい。

問1　（1）・（2）にあるX・Yの各文は，地図中に示した都市や都道府県について述べています。X・Yの各文の正誤の組み合わせとして正しいものを，それぞれ次の**あ～え**から選びなさい。

あ．X－正　　Y－正
い．X－正　　Y－誤
う．X－誤　　Y－正
え．X－誤　　Y－誤

（1）那覇市と金沢市の気候の特色を比べた文です。

X．1年間に平均して通る台風の数は，那覇市より金沢市の方が多い。

Y．1月の平均降水量は，那覇市より金沢市の方が多い。

（2）4つの府県の野菜づくりとくだものづくりについて述べた文です。

X．香川県と千葉県の野菜の生産額を比べると，千葉県の方が多い。

Y．大阪府と長野県のくだものの生産額を比べると，大阪府の方が多い。

問2　次の表は，ある市・町の年齢層を3つに区分し，区分ごとの人口が各市・町の総人口に占める割合を示しています。なお，表中のX・Y・Zは，地図中に示した千葉県浦安市，静岡県静岡市，山口県周防大島町のいずれかにあてはまります。

市・町	平成22年4月の人口割合(%)			平成27年4月の人口割合(%)		
	15歳未満	15～64歳	65歳以上	15歳未満	15～64歳	65歳以上
X	7.3	45.3	47.4	6.9	42.5	50.7
Y	16.6	71.6	11.8	14.8	69.7	15.5
Z	12.9	62.7	24.3	12.3	59.9	27.8

（表は，各市・町が公表している統計データをもとに作成，四捨五入の関係で割合の合計が100％とならない場合がある。）

（1）表中X・Yの組み合わせとして正しいものを選びなさい。

あ．X－浦安市　　Y－静岡市
い．X－浦安市　　Y－周防大島町
う．X－静岡市　　Y－浦安市
え．X－静岡市　　Y－周防大島町
お．X－周防大島町　　Y－浦安市
か．X－周防大島町　　Y－静岡市

（2）この表のデータだけから読み取れることとして，正しく述べたものを選びなさい。

あ．平成22年4月では，いずれの市・町も15歳未満の割合がもっとも低い。

い．平成27年4月の65歳以上の人口は，Xがもっとも多い。

う．平成22年4月から平成27年4月の間に，いずれの市・町でも高齢化がすすんだ。

え．平成22年4月から平成27年4月の間に，いずれの市・町でも人口が減少した。

問3　（1）・（2）の文は，ある県について説明したものです。それぞれの文にあたる県を，次の**あ～か**から選びなさい。

あ．秋田県　　**い**．岩手県　　**う**．長崎県　　**え**．兵庫県　　**お**．三重県　　**か**．宮崎県

（1）南北に長く，東側に海があり，入り組んだ海岸線が続いている。畜産業がさかんで，南部鉄器という伝統工芸品が有名である。

（2）20年ほど前に地震による大きな被害を受けたことがある。日米修好通商条約が結ばれたことをきっかけに貿易量が増え，現在，日本有数の貿易港となった港がある。

3 現在の日本の政治や働くことに関する以下の問いに答えなさい。

（1）基本的人権の尊重のために，政府や地方公共団体がおこなっていることについて，誤って述べたものを選びなさい。

あ．安心して子育てができるように，子育てに関する支援をする。

い．義務教育を等しく受けられるように，教科書を無料で配布する。

う．貧しい人が生活に困らないように，生活に必要なお金を支援する。

え．人々の意見がひとつにまとまるように，テレビ局が流す情報を制限する。

（2）国会議員の選挙について，誤って述べたものを選びなさい。

あ．選挙で投票することは，国民が政治に参加する権利を行使することである。

い．太平洋戦争後の改革で，女性の投票権が認められた。

う．2015年，投票できる年齢が18歳以上に引き下げられることが決まった。

え．参議院議員の選挙には，25歳以上の国民が立候補できる。

（3）市が使うお金や税金について，誤って述べたものを選びなさい。

あ．市の予算は，市議会が案をつくって市長が決める。

い．市が使うお金には，税金だけでなく国や都道府県から受けた補助もふくまれる。

う．憲法において，税金を納めることは国民の義務であると定められている。

え．消費税は，物などを買うときに支払う税である。

（4）働く人やその環境について，誤って述べたものを選びなさい。

あ．1日に8時間をこえて働かせてはならないと法律で定められている。

い．働く人たちは団結し，働く条件をよくするために雇い主と話し合うことができる。

う．中小工場で働く人の合計よりも，大工場で働く人の合計の方が多い。

え．女性や外国人，障がいのある人たちが働きやすい環境にすることが課題となっている。

4　(1)〜(10)にあるX・Yの各文は，日本のことについて述べています。X・Yの各文の
　正誤の組み合わせとして正しいものを，それぞれ次の**あ〜え**から選びなさい。

あ．X−正　Y−正　　**い**．X−正　Y−誤　　**う**．X−誤　Y−正　　**え**．X−誤　Y−誤

(1) 地図について述べた文です。
　X．縮尺が2万5千分の1の地図よりも，5万分の1の地図の方が，土地のようすをより細かく知ることができる。
　Y．地図記号で示された，「血」は図書館，「日」は神社である。

(2) 消防署や消防について述べた文です。
　X．消防署は，消火活動だけでなく，救急車で急病人を病院に運ぶ仕事もおこなっている。
　Y．火事を減らし，安心して暮らせるまちにするためには，消防署と消防団と地域の人たちが協力することが必要である。

(3) 稲作の歴史と発展について述べた文です。
　X．稲は暖かいところで育ちやすい作物で，最初，九州に伝わったが，品種改良がすすんだ現在では，稲作は寒い地域でもおこなわれている。
　Y．稲作には多くの時間と人数が必要だったが，機械化がすすんだことで仕事が楽になり，近年，水田の総面積は増えている。

(4) 森林と人々の生活について述べた文です。
　X．森林は山くずれをふせぐだけでなく，風や砂から人々の生活を守るためにも利用されてきた。
　Y．人工林が増えたため，外国からの木材の輸入量より国産木材の生産量の方が多くなった。

(5) 漁業や水産物の貿易について述べた文です。
　X．魚介類の消費量が増えたため，漁業で働く人は40年前に比べ増加した。
　Y．えびは，インドやインドネシアなど，アジアから多く輸入している。

(6) 化学工業について述べた文です。
　X．化学工業のおもな原料である石油は，およそ半分を外国からの輸入にたよっている。
　Y．工業の種類を分けたとき，すべての工業の中で化学工業の生産額がもっとも多い。

(7) 産業と情報のかかわりについて述べた文です。
　X．農業では，インターネットで農産物の値段を調べ，高く売れるときに出荷している。
　Y．運輸では，バーコードを使い，コンピュータで荷物を管理している。

(8) 情報や情報化した社会について述べた文です。
　X．パソコンの普及率は，スマートフォンをふくむ携帯電話の普及率を上回っている。
　Y．情報を発信する場合は，正しい情報であることをよく確認しなければならない。

(9) 通信や情報の広まりと自然災害への対応について述べた文です。
　X．せまい地域で降る強い雨の情報がメールで送られ，洪水がおこる前に避難できる。
　Y．日ごろから災害時に利用できる避難所を調べておくことが大切である。

(10) 国際的な会議について述べた文です。
　X．1997年，地球温暖化を防止するための国際的な会議が，広島で開かれた。
　Y．2016年，国際的な問題を話し合うサミット（主要国首脳会議）が，日本で開かれる。

解　答　らん

1　問1

問2
(1)　　(2)　　(3)　　(4)① 　②

(5)　　(6)　　(7)

2　問1
(1)　　(2)　　問2 (1)　　(2)

問3
(1)　　(2)

3　(1)　　(2)　　(3)　　(4)

4　(1)　　(2)　　(3)　　(4)　　(5)

(6)　　(7)　　(8)　　(9)　　(10)

※30点満点
（配点非公表）

算　数　　（3枚のうち，その1）

（注意）　(1)　答えは解答用紙にかきなさい。

　　　　　(2)　答えが整数にならないときは，小数で答えても分数で答えてもよろしい。

(50分)

1　次の □ の中にあてはまる数を答えなさい。

(1)　$7.5 - \left(\dfrac{3}{2} + \dfrac{2}{3} - \dfrac{5}{4}\right) \div \dfrac{5}{6}$ を計算すると，答えは □ です。

(2)　13 kg の □ ％は，156 g です。

(3)　右の図のように，直線ＡＣを直径とする半円の中に，
直線ＡＢを直径とする半円があります。
点Ｂは直線ＡＣ上の点です。
直線ＡＢの長さは 30 cm で，
直線ＢＣの長さは 10 cm です。
円周率を 3.14 として計算すると，
ななめの線をつけた図形のまわりの長さは □ (ア) □ cm で，
ななめの線をつけた図形の面積は □ (イ) □ cm² です。

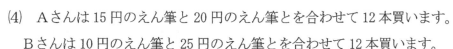

A ——— 30 cm ——— B — 10 cm — C

(4)　Ａさんは 15 円のえん筆と 20 円のえん筆とを合わせて 12 本買います。
Ｂさんは 10 円のえん筆と 25 円のえん筆とを合わせて 12 本買います。
Ａさんが 15 円のえん筆を □ (ア) □ 本，20 円のえん筆を □ (イ) □ 本買い，
Ｂさんが 10 円のえん筆を □ (ウ) □ 本，25 円のえん筆を □ (エ) □ 本買うと，
Ａさんが買ったえん筆の代金とＢさんが買ったえん筆の代金の比は，
13 : 15 になります。
ただし，消費税は考えないことにします。

(5)　右の図のように，1 目もりが 1 cm の方眼紙に，
5 本の直線で囲まれた図形がかいてあります。
この図形の面積は □ cm² です。

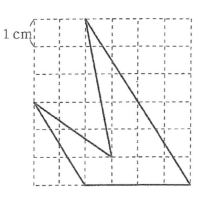

1 cm

(6)　右の図のような，2 つの直方体を合わせた
形の容器が水平に置いてあります。
容器はうすい板でつくられていて，
板の厚さは考えないものとします。
　この容器に，水が入っていない状態から，
毎分 24 L の割合で水を入れます。
①　水を入れ始めてから □ 分 □ 秒後に，
このとき容器は満水になります。
②　水を入れ始めてから □ 分 □ 秒後に，
この容器に入っている水の深さは 2 m になります。

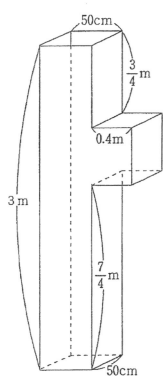

50 cm
$\dfrac{3}{4}$ m
0.4 m
3 m
$\dfrac{7}{4}$ m
50 cm

(7)　100 以上 999 以下の整数の中で，たとえば，231 や 330 のように，
百の位の数と十の位の数と一の位の数の和が 6 になるものをすべて考えます。
①　これらの整数の中で，
もっとも小さい整数は □ (ア) □ で，もっとも大きい整数は □ (イ) □ です。
②　これらの整数は全部で □ 個あります。

2　右の図のようなランニングコースがあります。

A地点からB地点までの道のりは360m，

B地点からC地点までの道のりは360m，

C地点からD地点までの道のりは360m，

D地点からA地点までの道のりは360mです。

C地点からD地点までの360mの道は
整備されていない道です。

他の道は，整備された道です。

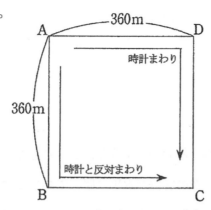

兄と弟はA地点を同時に出発し，

兄は時計と反対まわりに，弟は時計まわりにこのランニングコースを走ります。

兄は整備された道を秒速5m，整備されていない道を秒速4mで走ります。

弟は整備された道を秒速3m，整備されていない道を秒速2mで走ります。

次の　　　　の中にあてはまる数を答えなさい。

(1)　兄がこのランニングコースを1周するのに　　　　分　　　　秒かかります。

(2)　兄と弟が最初にすれちがうのは，

この2人がA地点を同時に出発してから　(ア)　分　(イ)　秒後です。

兄と弟が3回目にすれちがうのは，

この2人がA地点を同時に出発してから　(ウ)　分　(エ)　秒後です。

3　正方形の形をした方眼紙に，きめられた面積の四角形をかくことを考えます。

ただし，四角形の4つの辺は，方眼紙の線の上にしかかいてはいけません。

そのため，方眼紙にかく四角形の4つの角は，すべて直角です。

方眼紙の1目もりは1cmです。

たとえば，図1のような，

1辺の長さが4cmの正方形の方眼紙に，

面積が4cm²の四角形をかくことを考えます。

このとき，図2のような長方形を4個，

図3のような長方形を4個，

図4のような正方形を9個かくことができます。

したがって，図1のような，1辺の長さが4cmの正方形の方眼紙には，

面積が4cm²の四角形を全部で17個かくことができます。

次の　　　　の中にあてはまる数を答えなさい。

(1)　図5のような，1辺の長さが9cmの正方形の方眼紙には，

面積が9cm²の四角形を全部で　　　　個かくことができます。

(2)　図6のような，1辺の長さが12cmの正方形の方眼紙には，

面積が12cm²の四角形を全部で　　　　個かくことができます。

(3)　図6のような，1辺の長さが12cmの正方形の方眼紙には，

面積が　(ア)　cm²の四角形を全部で16個かくことができます。

(ア)　にあてはまる数は全部で2個あります。

それらを小さい順にかくと，　　　　と　　　　です。

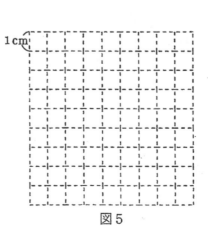

図5

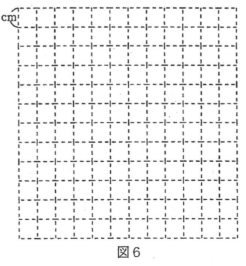

図6

受　検　番　号

※40 点満点
（配点非公表）

解　答　用　紙

1

(1) ☐

(2) ☐ %

(3) (ア) ☐ cm　(イ) ☐ cm²

(4) (ア) ☐ 本　(イ) ☐ 本
　　(ウ) ☐ 本　(エ) ☐ 本

(5) ☐ cm²

(6) ① ☐ 分 ☐ 秒
　　② ☐ 分 ☐ 秒

(7) ① (ア) ☐ 　(イ) ☐
　　② ☐ 個

2

(1) ☐ 分 ☐ 秒

(2) (ア) ☐ 分 (イ) ☐ 秒
　　(ウ) ☐ 分 (エ) ☐ 秒

3

(1) ☐ 個

(2) ☐ 個

(3) ☐ と ☐

理　科

（※社会と理科2科目合わせて50分）　　　　（注意）答えはすべて解答らんに記入しなさい。

1 おもり●，おもり○，80gのおもりの3種類のおもりを用意して，実験をしました。図1，図2のように実験用てこにつりさげると，てこは水平につり合いました。あとの各問いに答えなさい。ただし，用いた糸の重さは考えないものとします。

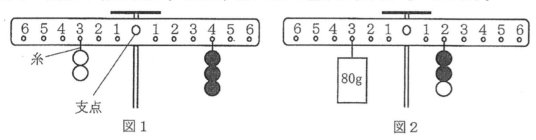

図1　　　　　　　　　　　　図2

(1) 次のア～エのうち，てこが水平につり合うのはどれですか。1つ選び，記号で答えなさい。

ア　　　　　　　　　　　　イ

ウ　　　　　　　　　　　　エ

(2) 次のア～カのうち，てこが水平につり合うのはどれですか。水平につり合うものをすべて選び，記号で答えなさい。

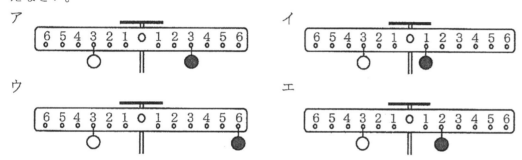

ア　　　　　　　　　　　　イ

ウ　　　　　　　　　　　　エ

オ　　　　　　　　　　　　カ

(3) おもり○の重さは何gですか。

(4) AさんとBさんがシーソーに乗ります。図3のようにすわると，シーソーは水平につり合いました。次にAさんはシーソーの左側の3の位置にすわったまま，シーソーの右側の3の位置に20kgのおもりを置いて，そのおもりの上にBさんがすわると，シーソーは水平につり合いました。Aさん，Bさんの体重は，それぞれ何kgですか。

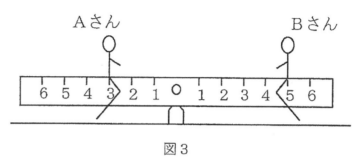

図3

(5) 図4は「さおばかり」という道具で，1つの分銅の位置を変えて重さをはかります。200gの分銅をとりつけた図4のさおばかりを使うと，かごの中が空の状態のときは分銅が支点から15cmの位置でさおが水平になりました。また，かごの中に魚を入れると，分銅が支点から50cmの位置でさおが水平になりました。かごの中に入れた魚の重さは何gですか。ただし，さおの重さは考えないものとします。

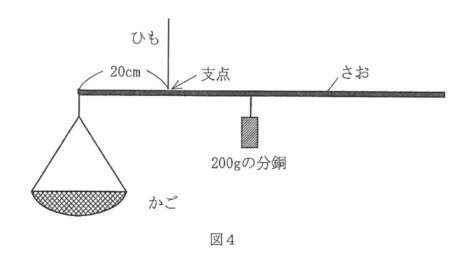

図4

2 水よう液A，B，C，Dを用いて実験をしました。あとの各問いに答えなさい。ただし，水よう液A，B，C，Dは，食塩水，塩酸，炭酸水，水酸化ナトリウム水よう液のいずれかです。

【実験1】水よう液A，B，C，Dを，それぞれ赤色と青色のリトマス紙につけると，表1の結果になりました。

表1

	赤色リトマス紙	青色リトマス紙
水よう液A	変化しなかった	赤くなった
水よう液B	変化しなかった	変化しなかった
水よう液C	変化しなかった	赤くなった
水よう液D	青くなった	変化しなかった

(1) 実験1で水よう液Bが示した性質を何と言いますか。

【実験2】水よう液A，B，Cを，それぞれ蒸発皿にとって加熱したところ，A，Cをとった蒸発皿には何も残りませんでしたが，Bをとった蒸発皿には白いつぶが残りました。また，Aは加熱中ににおいがしました。

【実験3】鉄とアルミニウムをそれぞれ試験管に入れ，水よう液AとDを加えました。

(2) 実験3の結果を，表2にまとめます。
①～④にあてはまるものを，次のア～ウからそれぞれ選び，記号で答えなさい。

　ア．金属は変化しない。
　イ．金属はとけたが，あわは出ない。
　ウ．金属はあわを出してとける。

表2

	鉄	アルミニウム
水よう液A	①	②
水よう液D	③	④

(3) 実験3の後，表2の①，②の液を蒸発皿にとって加熱すると，どうなりますか。次のア～エからそれぞれ選び，記号で答えなさい。

　ア．何も残らない。　　　　　イ．白いつぶが残る
　ウ．黄色いつぶが残る。　　　エ．銀色のつぶが残る。

(4) 水よう液AとCを見分ける方法としては，「水よう液のにおいをかぐ」，「金属に水よう液を加える」以外にどのような方法がありますか。下の例にならって，方法とその結果をそれぞれ説明しなさい。

　例：[方法]水よう液にBTB液を加える。　[結果]水よう液Dのみが青くなる。

3 太陽・月・星について，次の各問いに答えなさい。

(1) 右の図は，よく晴れた秋分の日の太陽の1日の動きを表しています。この日は強い風がふくこともなくおだやかな日でした。この日の最高気温を記録したと考えられる時こくの太陽の位置はどこですか。図中のア～オの中から適するものを1つ選び，記号で答えなさい。

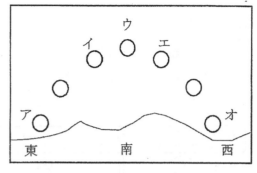

(2) この日の夕方，東の空に満月が見えました。この月が南の空に動いて，真南に見えるのは何時ごろと考えられますか。次のア～エの中から1つ選び，記号で答えなさい。

　ア．午後9時ごろ　　　　　　　イ．次の日の午前0時ごろ
　ウ．次の日の午前3時ごろ　　　エ．次の日の午前6時ごろ

(3) この日から何日か後の夕方には真南に半月が見えました。このときの月はどのように見えますか。次のア～エの中から1つ選び，記号で答えなさい。

(4) (3)の月が見えたのは，(2)の満月が見えた日から何日後ですか。次のア～エの中から最も近いものを1つ選び，記号で答えなさい。

　ア．7日後　　　イ．15日後　　　ウ．22日後　　　エ．30日後

(5) 7月7日午後9時に星の観察を行いました。次の文章はそのときのようすについて説明したものです。下の各問いに答えなさい。

> 南の低い空に赤色の明るい星が見えました。この赤い星はさそり座の（　ア　）という星でした。この星から天の川にそって真上の方の空に目を向けると，3つの1等星が三角形をつくっていました。この三角形は（　イ　）とよばれています。

① （　ア　），（　イ　）に適する言葉をそれぞれ記入しなさい。
② （　イ　）をつくる3つの星の名前を答えなさい。
③ 解答らんの図は（　イ　）の3つの星と，周辺の星のいくつかを示しており，（　イ　）の3つの星のうちの2つを直線でむすんでいます。この2つの星ともう1つの星を直線でむすんで（　イ　）の三角形を完成させなさい。

4 次の図1は足の骨と筋肉のようすを，図2は，からだの中の臓器のようすをそれぞれ示しています。これらについてあとの各問いに答えなさい。

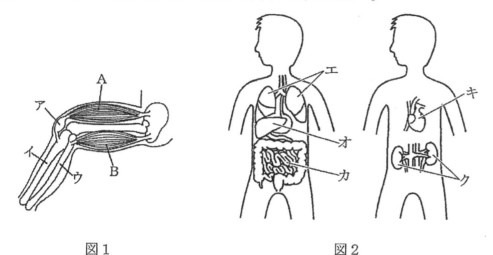

図1　　　　　　　　　図2

(1) 図1のように，Aの筋肉は，ひざの骨アを間にはさんで，骨イにつながっています。Bの筋肉は骨ウにつながっています。うでの曲げのばしと同じように考えると，ひざを曲げたとき，ゆるんでいるのはA，Bどちらの筋肉ですか。また，ひざをのばしたとき，ゆるんでいるのはA，Bどちらの筋肉ですか。それぞれ記号で答えなさい。

(2) 図2では，からだの中のいくつかの臓器を，重ならないように2つに分けてかいています。エ〜クの臓器の名前を答えなさい。

(3) 図2のカ〜クの臓器のはたらきをそれぞれ1つずつ，「，」や「。」を用いないで，10字以内で答えなさい。

解 答 ら ん

※30点満点
(配点非公表)

1

(1)		(2)			(3)	g
(4)	Aさん： kg　　Bさん： kg				(5)	g

2

(1)							
(2)	①	②	③	④	(3) ①		②
(4)	[方法]						
	[結果]						

3

(1)		(2)		(3)		(4)	
(5)	① ア　イ		③				
	②						

4

(1)	曲げたとき：　　　　　　のばしたとき：		
(2)	エ	オ	カ
	キ	ク	
(3)	カ		
	キ		
	ク		

H29.広島大学附属福山中

K教英出版

（注意）　解答はすべて解答らんに記入し，答えを選ぶ問いは記号で一つ答えなさい。

1

下の（1）〜（9）のA・B・Cの文を読み，その正誤を適切に述べたものを次から選びなさい。

あ.すべて正しい　　**い**.Aのみ正しい　　**う**.Bのみ正しい　　**え**.Cのみ正しい
お.すべて誤り　　**か**.Aのみ誤り　　**き**.Bのみ誤り　　**く**.Cのみ誤り

（1）次の各文は，日本の位置や自然環境に関する文です。
　A.北海道は，東シナ海とオホーツク海に面している。
　B.四季の変化がはっきりとしており，季節風の影響を受ける。
　C.国土をみると，山地の総面積よりも平野の総面積のほうが広い。

（2）次の各文は，日本の農業について，30年前と現在とを比べた文です。
　A.消費者の求めにより，化学肥料や農薬の消費量は増加している。
　B.ほ場整備や機械化により，年間耕作時間は短くなっている。
　C.国による生産調整により，米の生産量は少なくなっている。

（3）次の各文は，現在の日本の産業に関する文です。
　A.従業者1人あたりの生産額を比べると，大工場よりも中小工場のほうが多い。
　B.工業地帯・工業地域は太平洋側に集中し，日本海側にはみられない。
　C.10年前と比べて，外国人労働者の数は，大きく減少している。

（4）次の各文は，私たちの町を暮らしやすくするためのくふうに関する文です。
　A.クリーンセンターには，ごみから出たガスの中にある，自然や人体に悪いものを取りのぞく機械を設置しているところがある。
　B.じょう水場には，生活や仕事に必要な水を確保するため，コンピューターを使って水量の管理をしているところがある。
　C.スーパーマーケットには，お年寄りや体の不自由な人などが，入り口の近くの駐車場を利用できるようにしているところがある。

（5）次の各文は，日本におけるメディアや情報に関する文です。
　A.インターネットを利用することで，情報を得るだけでなく，自分から情報を発信することができる。
　B.世界で起こったでき事をより早く知ることができる点では，インターネットよりも新聞のほうが優れている。
　C.インターネット上のあらゆる情報は，政府によって厳しく検査されているため，正確な情報である。

（6）次の各文は，日本の三権分立に関する文です。
　A.国会は，内閣総理大臣を指名し，国務大臣を任命する。
　B.内閣は，裁判官を辞めさせるかどうかを決める裁判をおこなう。
　C.裁判所は，国会が制定した法律が憲法に違反していないかを審査する。

（7）次の各文は，日本の平和主義や安全保障に関する文です。
　A.日本国憲法は，外国との争いを武力で解決しないことと，そのための戦力をもたないことを定めている。
　B.世界でただ1つの被爆国として，核兵器を「もたない，つくらない，もちこませない」という非核三原則を定めている。
　C.第二次世界大戦後，サンフランシスコ平和条約を結ぶとともに，アメリカ合衆国と日米安全保障条約を結んだ。

（8）次の各文は，日本における公害や環境問題に関する文です。
　A.高度経済成長期に，阿賀野川流域などで公害病が発生した。
　B.現在，年間の二酸化炭素排出量を比べると，家庭よりも工場からの排出量のほうが多い。
　C.森林を守るためのラムサール条約にもとづいて，森林の伐採を防止している。

（9）次の各文は，現在の日本社会に関する文です。
　A.高齢化が進んだ結果，日本の人口は増え続けている。
　B.医療技術の発達により，介護が必要な高齢者の数は10年前に比べて減っている。
　C.社会保障に関わる支出が増え，国の予算の中で社会保障費が最も大きな割合を占めている。

2

次の日本の歴史に関する（1）〜（12）の各問いに答えなさい。

（1）三内丸山遺跡と吉野ヶ里遺跡について述べた文として，誤っているものを選びなさい。
あ.三内丸山遺跡には，長さが30mを超える大きな建物のあとがある。
い.三内丸山遺跡からは，鉄を使った工具が出土した。
う.吉野ヶ里遺跡には，集落の周りを囲む深い堀がある。
え.吉野ヶ里遺跡からは，祭りなどに使われた銅鐸が出土した。

（2）7世紀から8世紀にかけてつくられた，新しい政治のしくみや社会のようすについて述べた文として，誤っているものを選びなさい。
あ.それまで豪族が支配していた土地や人々が，国のものとされた。
い.人々に対し，米や特産物や兵役などが税として課せられた。
う.漢字をもとにかな文字がつくられ，使われるようになった。
え.仏教の力で国を治めるため，全国に寺が建てられた。

（3）室町時代には，部屋をふすまや障子で仕切り，違い棚や明かり窓を設け，たたみを敷きつめた部屋のつくりが発達しました。現在の和室のもとになっている，このような部屋のつくりを何と言いますか。漢字3字で答えなさい。

（4）次のA〜Dのでき事を年代の古いものから順に正しく並べたものを選びなさい。
　　A：御成敗式目の制定　　B：承久の乱　　C：壇ノ浦の戦い　　D：執権の設置
　あ．A→C→D→B　　い．A→D→B→C　　う．B→D→C→A　　え．B→A→D→C
　お．C→D→B→A　　か．C→B→D→A　　き．D→C→A→B　　く．D→A→C→B

（5）織田信長がおこなったこととして，誤っているものを選びなさい。
　あ．足利氏を京都から追放し，室町幕府を滅ぼした。
　い．キリスト教を保護し，学校や教会の設置を認めた。
　う．安土城下では，だれでも自由に商売ができるようにした。
　え．石見銀山を開発し，南蛮貿易をさかんにした。

（6）江戸時代の対外交流について述べた文として，誤っているものを選びなさい。
　あ．朝鮮とは対馬藩を通じて交流した。　　い．琉球王国とは薩摩藩を通じて交流した。
　う．中国とは長州藩を通じて交流した。　　え．蝦夷地とは松前藩を通じて交流した。

（7）江戸時代の人々の生活について述べた文として，誤っているものを選びなさい。
　あ．町人は，城下町の中であればどこでも，自分の好きな場所に住むことができた。
　い．農民は，村のことを自分たちで決めて，村を運営していた。
　う．各地の城下町では，歌舞伎の芝居小屋が立ち，人々を楽しませた。
　え．武士以外の人々も，学問を学び，広く知識を身につけることができた。

（8）江戸幕府の大名支配について述べた文として，誤っているものを選びなさい。
　あ．幕府は，武家諸法度を出し，大名を取りしまった。
　い．幕府は，大名に，領地と江戸を行き来させる参勤交代を命じた。
　う．幕府は，各藩に命じて，大きな堤防工事などの土木工事をおこなわせた。
　え．幕府は，各藩の米の収穫高を調べるため，1年ごとに検地を実施した。

（9）江戸時代の終わりころについて述べた文として，誤っているものを選びなさい。
　あ．ペリーが浦賀に来航し，日米和親条約が結ばれた。
　い．日米修好通商条約では，日本に関税自主権が認められなかった。
　う．大塩平八郎は，開国後の貿易に反対するために，大阪で反乱を起こした。
　え．坂本龍馬は，対立していた薩摩藩と長州藩に同盟を結ばせた。

（10）明治新政府の政策について述べた文として，誤っているものを選びなさい。
　あ．欧米から機械を買い，技術者を招き，富岡製糸場などの国営の工場をつくった。
　い．藩を廃止して県を置き，かつての大名をそのまま県知事に任命して治めさせた。
　う．徴兵令を出し，20歳以上の男子に，3年間軍隊に入ることを義務づけた。
　え．土地の値段を基準に地租という税を定め，一定額の税金を納めさせた。

（11）次のA〜Dのでき事を年代の古いものから順に正しく並べたものを選びなさい。
　　A：日本が韓国を併合した。　　　　B：日本が第一次世界大戦に加わった。
　　C：日本軍が満州事変を起こした。　D：日本が清国から台湾をゆずり受けた。
　あ．A→B→C→D　　い．A→B→D→C　　う．A→D→B→C　　え．A→D→C→B
　お．D→A→B→C　　か．D→A→C→B　　き．D→B→A→C　　く．D→B→C→A

（12）太平洋戦争が始まるまでの日本の動きについて述べた文として，誤っているものを選びなさい。
　あ．日本の支援でつくられた満州国を否定されたため，国際連盟を脱退した。
　い．日中戦争が始まると，ナンキン（南京）などの都市を占領した。
　う．ドイツ・フランスと軍事同盟を結び，アメリカ合衆国やイギリスと対立を深めた。
　え．ハワイのアメリカ軍基地を攻撃したことをきっかけに，太平洋戦争が始まった。

3　福男君は，2016年にあったおもなでき事を，下の表にまとめました。この表を見て，（1）〜（8）のそれぞれのでき事に関連した，あとの問いに答えなさい。
　なお表中の（1）〜（8）は，問い（1）〜（8）に対応しています。

2016年にあったおもなでき事
（1）3月に，北海道新幹線が開業した。
（2）4月に，熊本県を中心に地震が起きた。
（3）6月に，選挙権の年齢が18歳以上になった。
（4）7月に，東京の国立西洋美術館が世界文化遺産に登録された。
（5）8月に，オリンピックがリオデジャネイロで開催された。
（6）9月に，広島東洋カープが25年ぶりにリーグ優勝を決めた。
（7）11月に，アメリカ合衆国の大統領選挙がおこなわれた。
（8）12月に，　ア　協定が国会で承認された。

（1）次の県のうち，現在，新幹線が運行していない県を選びなさい。
　あ．青森県　　　　い．群馬県　　　　う．福井県　　　　え．鹿児島県

（2）日本の自然災害について述べた文として，誤っているものを選びなさい。
　あ．集中豪雨が起こると，洪水や土砂崩れの被害が出ることがある。
　い．海底で地震が起こると，高潮が発生することがある。
　う．自然災害が起こると，ライフラインが使えなくなることがある。
　え．自然災害が起こると，水産業や農業などの産業に被害をおよぼすことがある。

（3）現在の日本の選挙制度のもとで，次のA～Dの4人（いずれも選挙権をもつ日本国民）のうち，広島県知事に立候補できる人を下の**あ～き**から選びなさい。

　　　A：広島県在住　21歳　　　　　B：岡山県在住　26歳

　　　C：広島県在住　31歳　　　　　D：東京都在住　36歳

あ．Cのみ　　　　　**い**．Dのみ　　　　　**う**．AとC　　　　　**え**．CとD

お．AとBとC　　　**か**．BとCとD　　　**き**．AとBとCとD

（4）現在，世界文化遺産に登録されていないものを選びなさい。

あ．伊勢神宮　　　**い**．厳島神社　　　**う**．姫路城　　　**え**．富士山

（5）次は，リオデジャネイロで開催されたオリンピックについての広子さんと福男君の会話です。文中の〔　　　〕にあてはまる語句として正しいものを選びなさい。

　　広子：深夜や早朝にも，競技をテレビで生中継していたわね。

　　福男：それは，リオデジャネイロのあるブラジルと日本が，おおよそ〔　　　〕上に位置しているからだね。

　　広子：日本とは異なる環境の中，選手たちは大活躍だったわね。

あ．同じ緯度　　　**い**．同じ経度　　　**う**．反対の緯度　　　**え**．反対の経度

（6）この球団の本拠地がある都市で，2016年にあったでき事を選びなさい。

あ．アメリカ合衆国のオバマ大統領の訪問

い．ロシア連邦のプーチン大統領の訪問

う．サミット（主要国首脳会議）の開催

え．持続可能な開発のための教育（ESD）に関するユネスコ世界会議の開催

（7）新大統領の就任は，日本の産業や貿易に大きな影響をもたらすと考えられます。産業や貿易におけるアメリカ合衆国と日本との現在の関係について述べた文として，正しいものを選びなさい。

あ．国民1人あたりの水産物の年間消費量を比べると，日本よりもアメリカ合衆国のほうが多い。

い．農業などの従事者1人あたりの耕地面積を比べると，アメリカ合衆国よりも日本のほうが広い。

う．アメリカ合衆国にとっても日本にとっても，お互いが最大の貿易相手国である。

え．日本のアメリカ合衆国に対する貿易は，輸入額よりも輸出額のほうが多い。

（8）　**ア**　には，太平洋をとりまく地域における，貿易などの自由化・拡大をめざそうとする協定の名前が入ります。　**ア**　にあてはまるものを，次から選びなさい。

あ．ISO　　　**い**．TPP　　　**う**．NASA　　　**え**．UNICEF

解　答　ら　ん

※30点満点
（配点非公表）

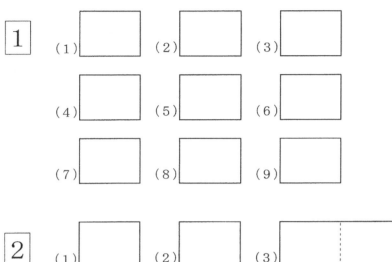

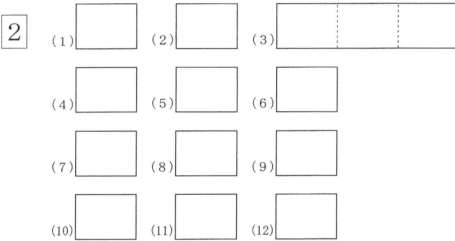

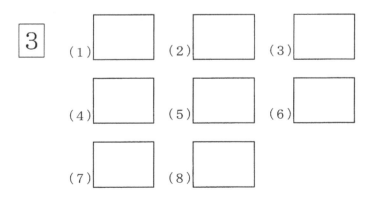